Sugashita Kiyohiro
菅下清廣

# 日経平均4万円時代に世界がうらやむ日本の大化け株を探せ!

徳間書店

# まえがき

## 日経平均4万円を超えて日本株大復活の時代へ

いよいよ日本株が大復活する時代が到来しつつあります。

かねてから私は、2023~2025年に史上最大の資産インフレ相場が到来する。脱デフレで、日経平均株価4万円を超えて日本株が大復活する、と予測してきました。目先の株式市場は、いままさにそのような展開となっています。

次の3年間、脱デフレ、資産インフレの到来で、日本株の底上げが続く。しかも日本株はゴールデン・サイクルの大波に乗って、資産を増やすチャンスが到来。

当社スガシタパートナーズ株式会社が長年（10年以上）運営している有料音声配信「スガシタボイス」の会員の皆さんに、２０２３年の年初に「デフレの悲観をたたき売って、インフレの楽観を買え」「投資頭脳を磨いて、30年ぶりにやってきた、お金持ちになる好機（チャンス）をつかんでください！」というメッセージをお送りした。

そして同時に、「２０２３年の１～３月は日本の株価の底値圏。４月以降、新たな株高の足音が聞えてくるだろう」と私独自の相場の波動論から、予測をお伝えしていました。

日本の株式市場は、その私の声に呼応するかのような上昇が続いている。30年続いたデフレ経済の常識、円高、株安の時代が終わり、円安、株高の時代が始まっているからです。

年初に会員の皆さんには、円安メリットのある企業、ウクライナ戦争によって物流が活発になっていることによって、企業業績が好調な企業に投資すれば、来たる資産インフレ相場の波に乗って資産形成することができるのでは？　とアドバイスしていました。

そして、まずは3月決算で好業績、高配当の企業が狙い目だとお話ししていた。

その狙い目の業種が、海運、鉄鋼、商社です。

ご承知のように商社株は、投資の神様と呼ばれる3大投資家のひとり、ウォーレン・バフェットが日本の5大商社株に投資して大成功、今後も買い増しを続けると発表したこともあり、一気に人気化して株価は上昇している。

残念ながら、私は商社株には投資せず、海運、鉄鋼に投資した。ともに商社株より高配当だったからです。しかしいまなお、鉄も船も商社も株価は強い動きが続いている。鉄と船は業績好調で高配当が続く限り継続保有するつもりですが、それ以外にも、デフレ経済で業績と株価が長期低迷していた銀行株や証券株も値上がりしている。

あるいは日立製作所（6501）、三菱重工業（7011）、三菱電機（6503）のようなバリュー株の代表とも言える、超大企業の株価まで上昇している。業績見通しの良い会社の株や高配当株は大幅に値上がりしている。

## 脱デフレで日本の個人資産2000兆円が株式市場に流れ込む

さらに日本株を押し上げる大きな要因として、30年のデフレ時代に眠っていた個人の金融資産2000兆円が、ようやく長い眠りから覚めて、株式市場に流入し始めている。

デフレ時代は人々は生活防衛に努めて、積極的な消費や投資はしなかった。個人の資金はタンス預金や銀行、郵便局にその大半が滞留していた。

30年間賃金も上がらず、雇用も低迷していたので、みんな仲良く貧しい生活に耐えていたのです。しかし、そのデフレの終わりが近づいている。

デフレとインフレでは、経済の状況はまったく反対になる。

デフレ時代にはお金の価値が上がるから、消費を控えて貯蓄していれば資産は守れた。しかし、インフレ時代は、お金の価値がどんどん下がっていくので、消費を拡大してお金は投資にまわさないとどんどん資産が目減りしていってしまう。インフレの時代はデフレの時代とは経済の常識がまったく反対になる。そうなれば、過去の30年とまったく違った

30年が訪れるかもしれない。

デフレからインフレの時代に変わるなら、当然物価は上昇し、家賃も上がり、生活コストは上昇する。そのため政府は賃金の上昇を企業に奨励している。

その賃上げインフレが2023年の4月から始まっている。

## 超円安も日本経済の追い風となる

脱デフレのきっかけとなった円安も続いている。1ドル＝150円台を再びつけている。

私は徳間書店から2022年12月に刊行した『超円安の波に乗ってお金持ちになる』で、これから為替は円安に向かうだろうと予測した。そしていま実際に円安が続いています。

ちなみに世界3大投資家のひとり、ジム・ロジャーズは昨年の雑誌『プレジデント』のインタビュー記事で、「日経平均株価が4万円、円ドル相場が175円になっても、私は驚かない」と答えている。

私は2020年3月のコロナ・ショックの株価急落、底入れ後から、日本経済の脱デフレ、資産インフレ相場の到来を予想していたが、ついにそれが実現されようとしている。「みんな仲良く貧乏になる時代から、努力すればお金持ちになる時代」を迎えようとしているのです。

千載一遇のチャンスの時代を日本は迎える。漫然と貯金だけしていたらお金はどんどん目減りするだけです。

株式投資は素人には壁が高いものでしたが、これからは日本株が底上げしていくので、本書で紹介するポイントを理解して、好業績・高配当のバリュー株を買うだけでみんながお金持ちになれる時代が来たのです。

最後に読者の皆さんへ、もう一度私からの激励のメッセージです。

**「デフレの悲観をたたき売って、インフレの楽観を買え！」**

2023年10月11日
赤坂山王パークタワーオフィスにて

菅下清廣

# 日経平均4万円時代に世界がうらやむ日本の大化け株を探せ!――【目次】

# 第3章 なぜ日本だけが世界で一番景気が良くなるのか

第4章

# 日本は世界のリーディング・カントリーになる

## 第5章 日本株大復活相場で大化けする株



装幀――赤谷直宣

# 第1章

# 日経平均が4万円を超える大相場が来る

## 波動サイクルのとおりに日本株は上昇を始めた

日本の株価は、図1にあるように2023年6月19日の3万3772円で直近の高値をつけている。

この日本の株価の短期の波動、短期サイクルの出発点はDです。1月4日の2万5661円。だから、今年は年初が安値で、そこから半年上がった。

これはまさに時間の波動（日柄）のとおりです。

波動の短いサイクルは2ないし3カ月。中期のサイクルは数カ月〜約半年。長期のサイクルは12ないし13カ月、約1年というのが日柄です。

だから、日柄どおり。今年の1月4日からちょうど半年上げて、6月19日に3万3772円をつけた。これはバブル崩壊後の新高値です。

そして、この3万3772円をいま壁として高値圏でのもみ合いになっている。

図1を見ていただくと、6月19日のA、8月1日のBで、ダブルトップになっている。それで、いったん下がって8月18日に3万1275円という安値をつけた。そこから戻って、9月15日に3万3634円をつけた。

これはトリプルトップにも見えるし、A、A'でダブルトップにも見える。そして、目先、3万3000円が壁になっている。

では、なぜ3万3000円が壁になっているのかと言うと、いま長期金利がやや上昇していることを、市場はすごく警戒している。3万3000円近辺がもう天井じゃないかという人も出てきている。なぜかというと、3万3000円で相当空売りが入っているからです。

空売りや売りのオプションを買っている主力は、海外投資家よりも日本人投資家です。売りのオプションが増えていると日経新聞の記事にありました。

オプションというのは、何カ月か先に日経平均を例えば3万3000円で売る権利を買

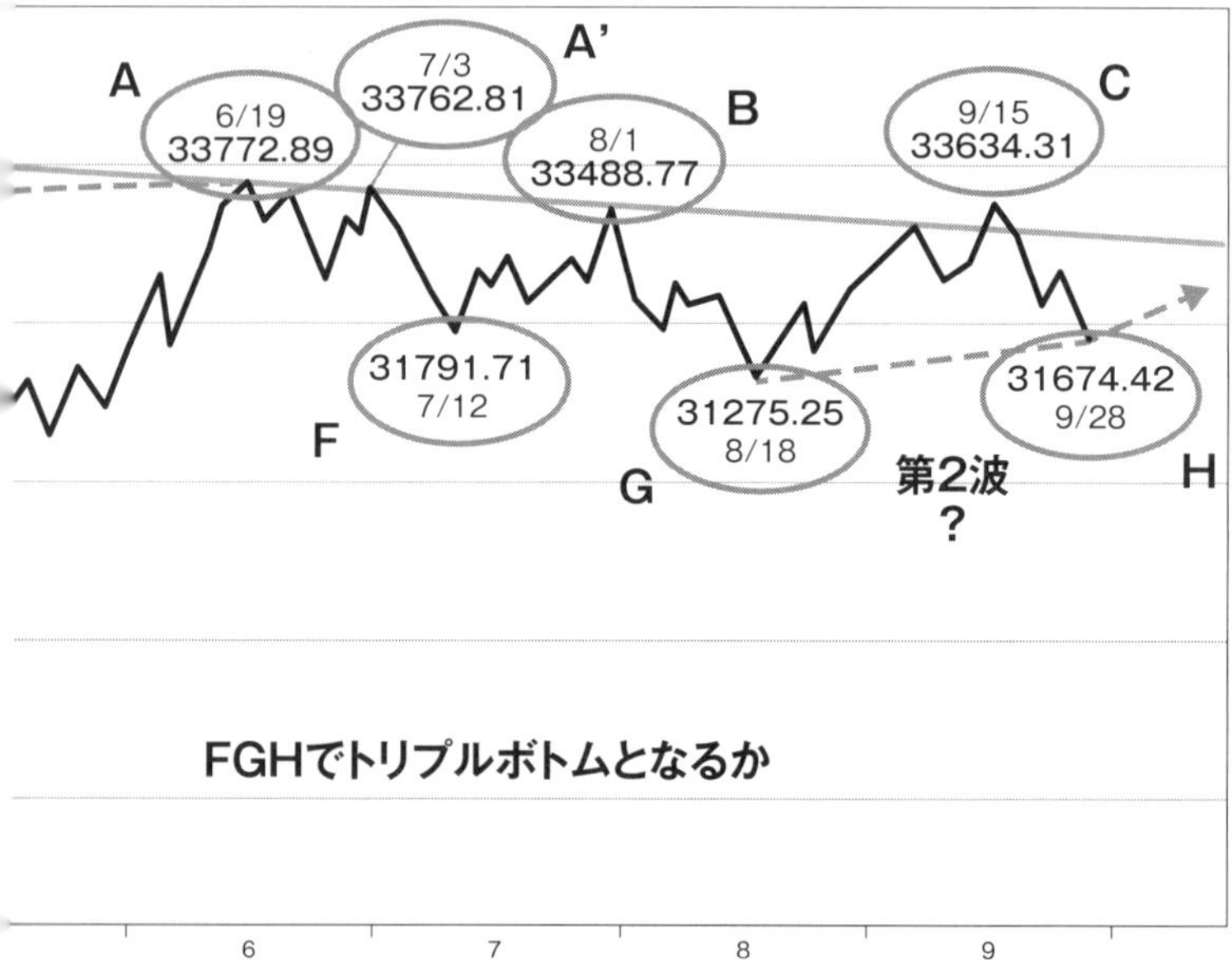
A
6/19
33772.89
7/3
33762.81
A'
8/1
33488.77
B
9/15
33634.31
C
31791.71
7/12
F
31275.25
8/18
G
31674.42
9/28
H
第2波
?
FGHでトリプルボトムとなるか
6
7
8
9

うという取引です。この場合、日経平均が3万3000円より下がったら儲かるし、上がったら権利がぱあになって損をする。それがオプションです。いわゆるデリバティブの一種です。

このオプションが相当売られているので、目先はこの6月19日の高値が壁になって、3万2000円と3万3000円ぐらいの狭いゾーンでしばらくもみ合いが続きそうだという予想ができるのです。

では、なぜ弱気になっている

## 図1　日経平均株価　短期トレンド（日足）

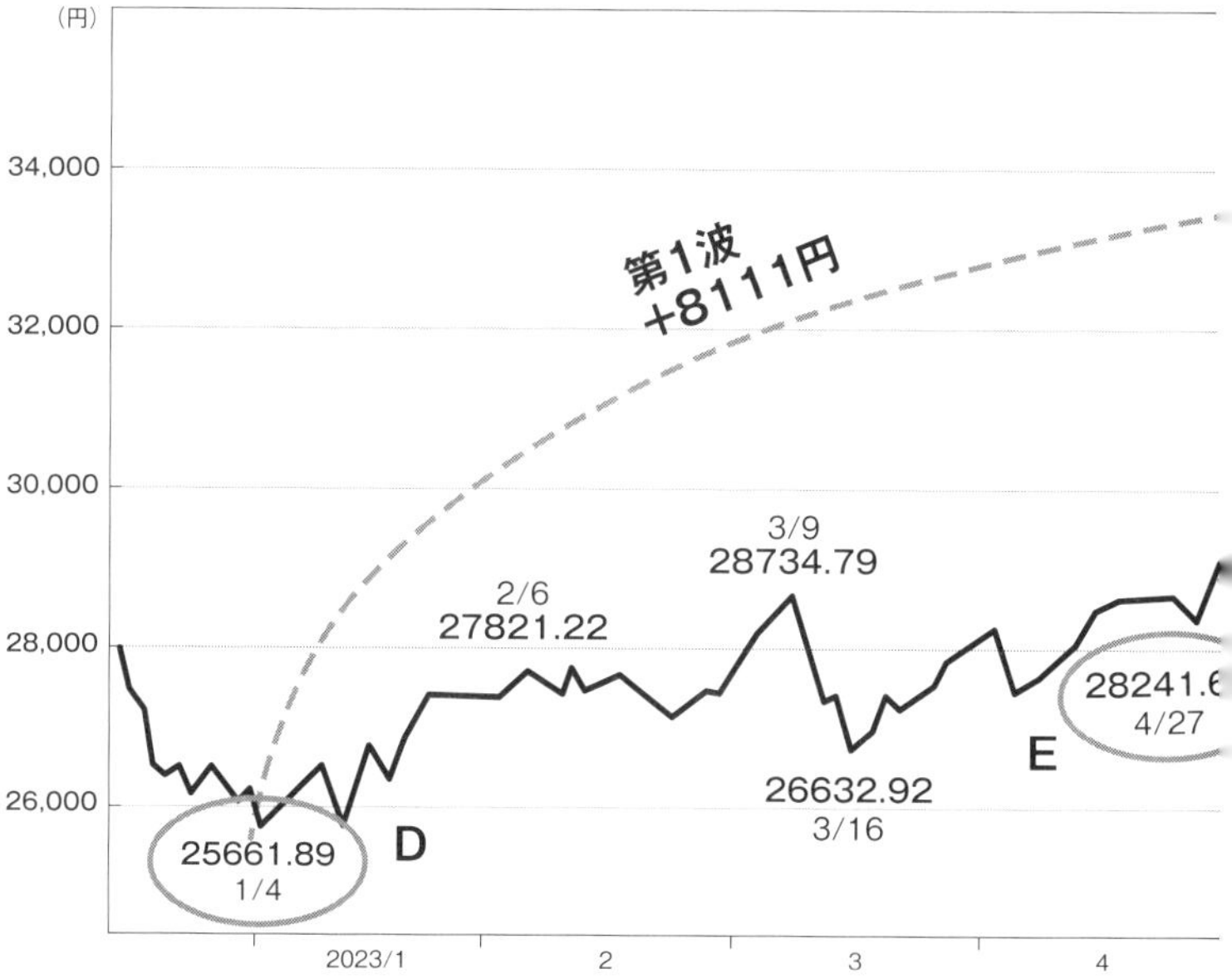

（円）
34,000
32,000
30,000
28,000
26,000
第1波
+8111円
2/6
27821.22
3/9
28734.79
25661.89
1/4
D
26632.92
3/16
E
28241.6
4/27
2023/1
2
3
4


のかといえば、日銀の植田和男新総裁が黒田金融緩和の修正をするのではないかと市場が見ているからです。金融政策が緊縮方向に修正されると予想されていることが、一番大きい。

のちほど詳しく解説しますが、黒田東彦日銀総裁がこの4月に退任して、新総裁となった植田和男日銀総裁は、当面は緩和政策を続けるとしていますが、黒田日銀がこれまでとってきたイールド・カーブ・コントロール（YCC）といった金融政策は修正して、若干緊縮に向かうのではないかと市場は見ているからです。

さらに、アメリカの金融政策は、これまで利上げを続けてきたにもかかわらず、まだ引き締めの方向にあります。

つい最近まで近々アメリカの金利はピークアウトするという期待感がニューヨーク株式市場にあった。なぜかというと、アメリカのインフレ率は昨年の最高9％から3％台まで下がっているからです。なので、マーケットは、政策金利がピークアウトすると思っていたら、2023年9月19～20日に開催された米連邦公開市場委員会（FOMC）の定例会合で、政策金利の据え置きを決定したものの、米中央銀行のFRB議長であるパウエル氏が、年内あと1回は金利を引き上げ、その後は高水準の金利をより長期にわたって維持する公算が大きいことを示唆しました。

つまり、今回は利上げしないけれども、年内にもう1回ぐらい上げる。しかも2024年も金融引き締め、利上げを続けるというメッセージがFRBから出たので、とたんにアメリカ株は下がり始めた。

私が前から言っていたように、アメリカ株は二番天井を打つ可能性がある。あるいは、すでに二番天井をつけたかもしれません。そうすると、もう本格的な調整局面入りです。

二番天井とはどういうことか。図2のニューヨークダウのグラフを見てください。

ニューヨークダウの天井は2022年1月5日の3万6952ドル。2022年1月5日が一番高くなっている。これがニューヨークダウの天井になっている。この1月5日からどーんと下がって、10月13日に2万8660ドルまで下がって、そこから、いまはかなり大幅に戻っている。

なぜ戻っているのか。アメリカのインフレがおさまりつつあるし、金利も下がるだろうという期待で株価が上がっていたからです。

しかし、今回9月のFOMCで、実はそうではなかったというメッセージが出て、今年8月1日の3万5679ドル近辺で目先、天井をつけた形になっている。

ニューヨークダウは、1月5日に天井をつけた後、4月21日の3万5000ドルでダブルトップになる可能性がある。

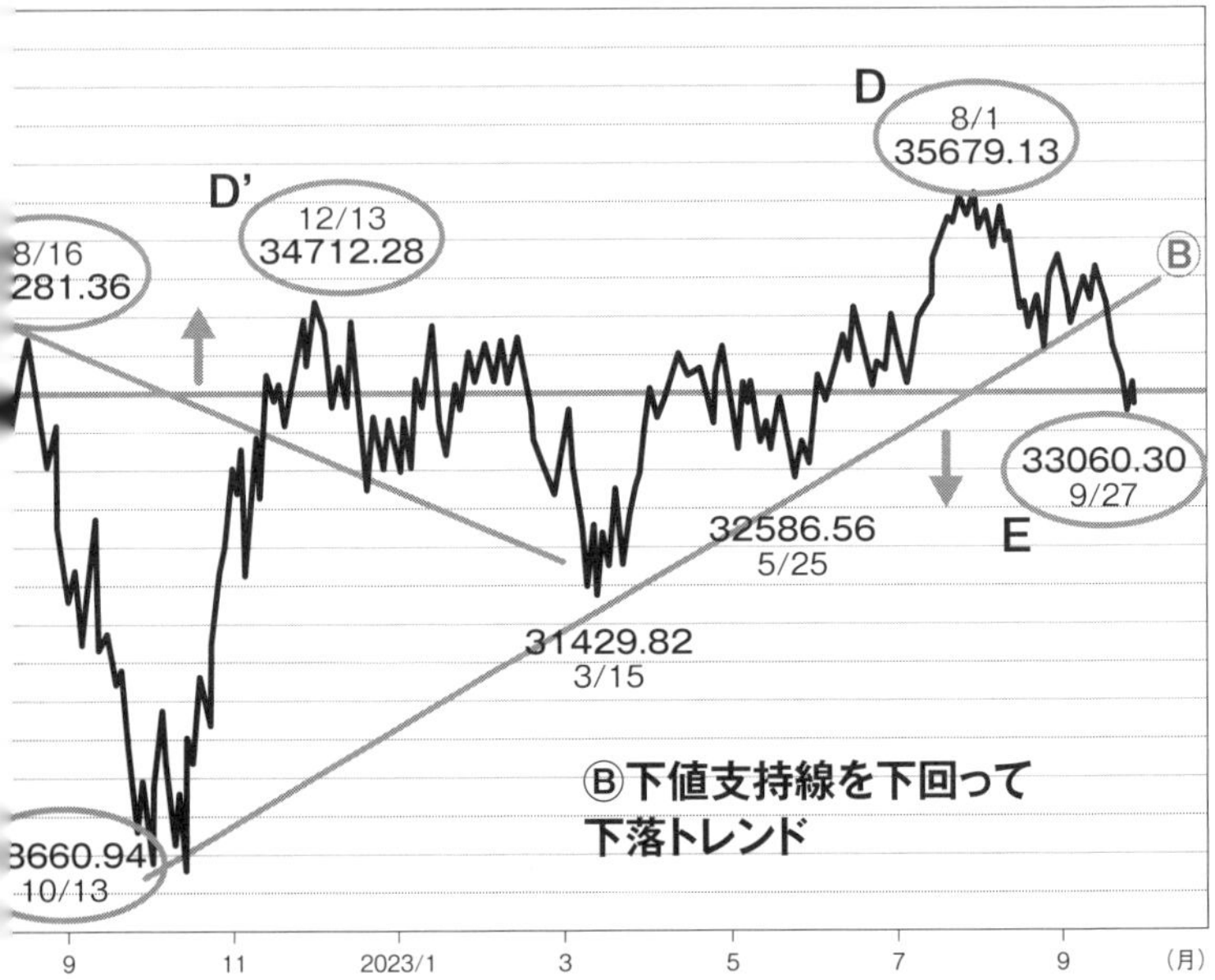
D
8/1
35679.13
D'
12/13
34712.28
8/16
281.36
Ⓑ
33060.30
9/27
32586.56
5/25
E
31429.82
3/15
Ⓑ下値支持線を下回って
下落トレンド
3660.94
10/13
9
11
2023/1
3
5
7
9
(月)

また、2022年の1月5日が一番天井。そして、直近の2023年8月1日の3万5679ドルが二番天井になる可能性がある。

この二番天井は2022年の1月5日につけた後の戻り高値とほぼ同じレベルです。いまは下がってきています。

図2の右側の斜めのⒷ線は下値支持線です。下値支持線というのは一番安い10月13日の安値から、その後の安値を結ぶ線です。いま

## 図2　ダウ平均株価　中・長期トレンド（日足）

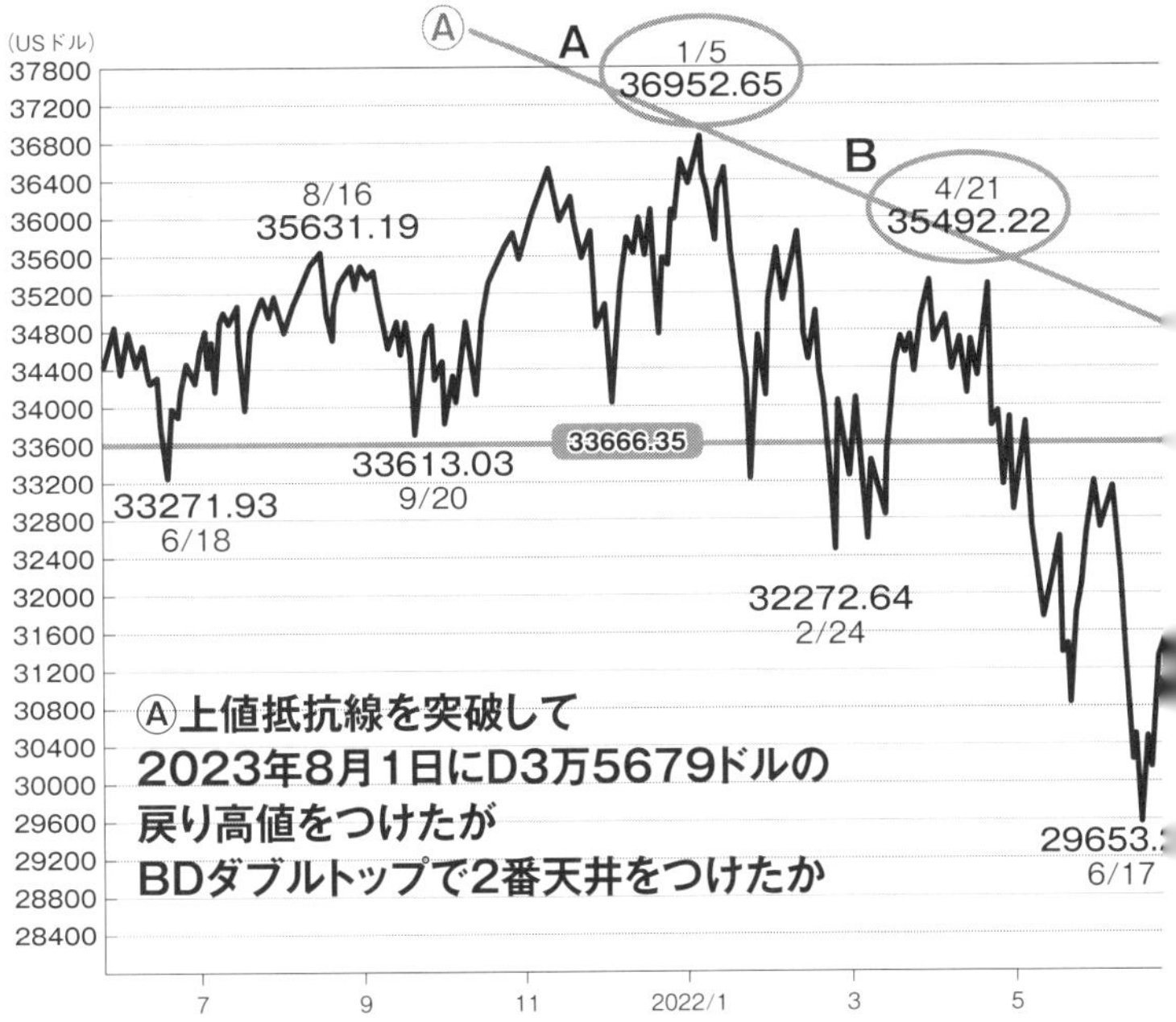
(USドル)
37800
37200
36800
36400
36000
35600
35200
34800
34400
34000
33600
33200
32800
32400
32000
31600
31200
30800
30400
30000
29600
29200
28800
28400
Ⓐ
A
1/5
36952.65
B
4/21
35492.22
8/16
35631.19
33666.35
33613.03
9/20
33271.93
6/18
32272.64
2/24
6/17
Ⓐ上値抵抗線を突破して
2023年8月1日にD3万5679ドルの
戻り高値をつけたが
BDダブルトップで2番天井をつけたか
7
9
11
2022/1
3
5

アメリカ株はこの下値支持線を下回ってきている。

そうすると、直近の5月25日の安値、3万2000ドルぐらいまで下がりそうな雰囲気になってきたと見ていましたが、いまは3万3000ドル台まで戻ってきました。

ニューヨークダウは、一番天井のAをつけた後の2月24日にロシアがウクライナに侵攻して、ここからどーんと下がってしまいまし

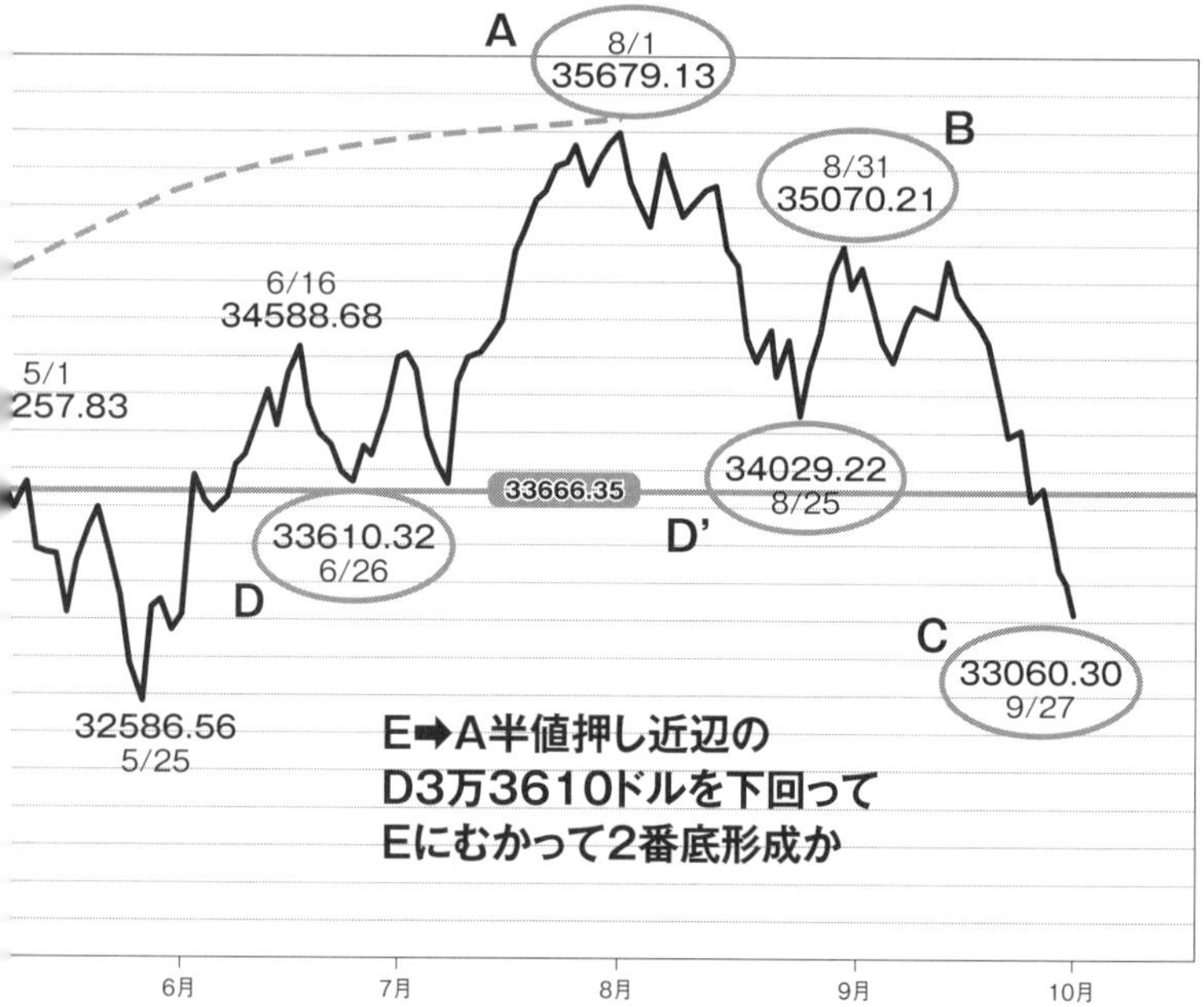
A
8/1
35679.13
B
8/31
35070.21
6/16
34588.68
5/1
257.83
33666.35
34029.22
8/25
D'
33610.32
6/26
D
C
33060.30
9/27
32586.56
5/25
E➡A半値押し近辺の
D3万3610ドルを下回って
Eにむかって2番底形成か
6月
7月
8月
9月
10月

た。

これが10月13日に当面の底入れをして、いちおう戻って、この図2のBとほぼ同じレベルでDの8月1日にダブルトップをつけた。そして、いま下がり始めた。この安値Fと安値Eを結ぶ線が下値支持線になっている。これは売りのシグナルです。

ニューヨークはこの後、調整局面に入る可能性が出てきた。その調整局面が短

**図3　ダウ平均株価　短期トレンド（日足）**

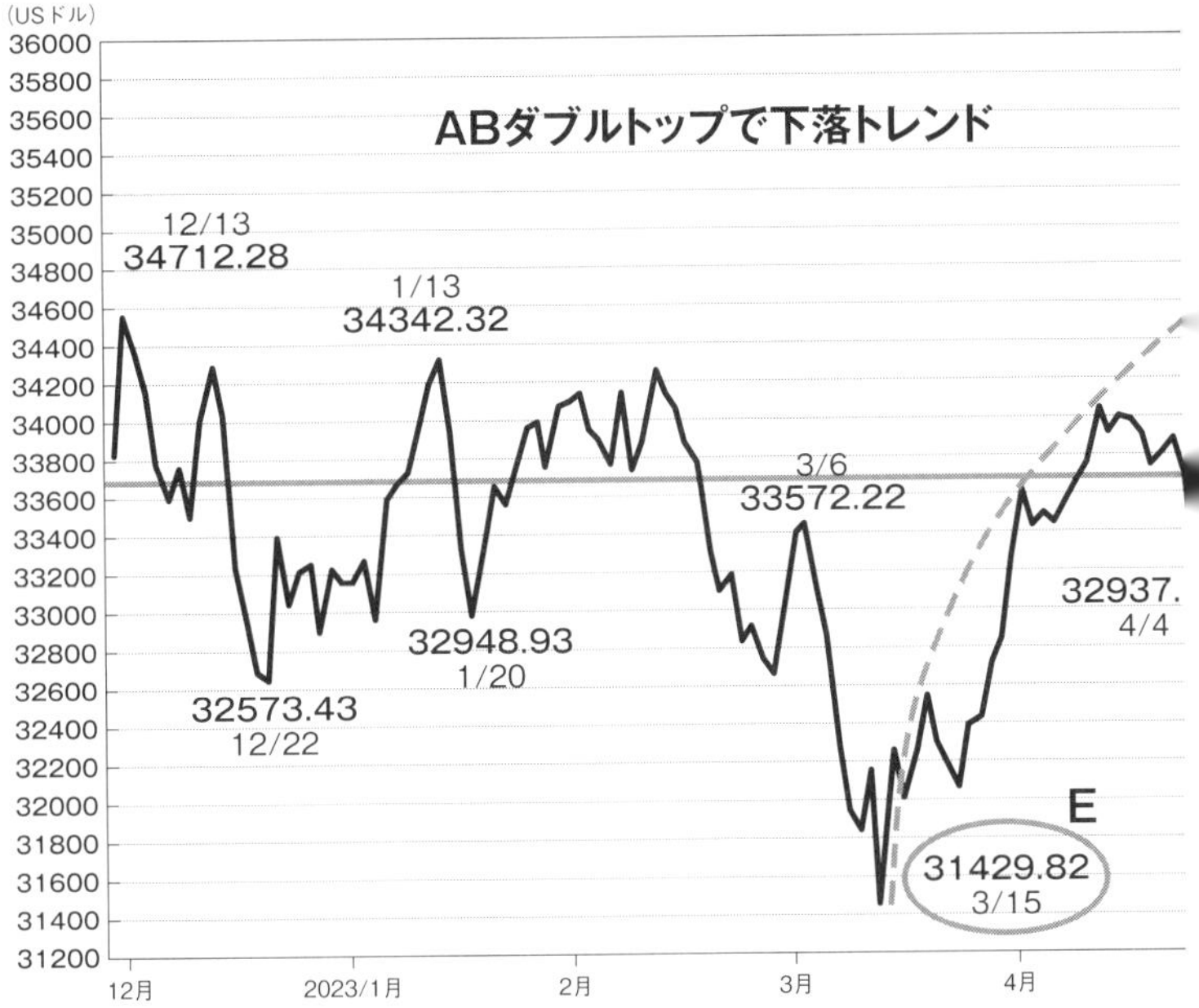
(USドル)
36000
35800
35600
35400
35200
35000
34800
34600
34400
34200
34000
33800
33600
33400
33200
33000
32800
32600
32400
32200
32000
31800
31600
31400
31200
ABダブルトップで下落トレンド
12/13
34712.28
1/13
34342.32
32573.43
12/22
32948.93
1/20
3/6
33572.22
32937.
4/4
E
31429.82
3/15
12月
2023/1月
2月
3月
4月

期なのか中長期なのかはまだわからない。短期的な調整で終わる可能性もある。

いまは金利が上がる、利上げ、インフレが再燃する。そういう心配が出て、それで売られている。

だから、ニューヨーク株も直近の安値が3万2000ドルぐらいまで下がって、もみ合うか、あるいは、この下げは一時的で、そんなに心配しなくてもいいとなると、また戻るという展開が予想される。しかし、図

3のAの3万5679ドルが当面の壁になる可能性がある。もうニューヨーク株はこの高値を抜かないかもしれません。これがいまのアメリカ株の動きです。

## 波動から見れば日本株の動きが読める

日本株はどうなのか。日本株のほうは図1にあるように、今年は1月4日が安値で、6月19日まで約6カ月上げた。これが日柄です。日にちが大事なのです。

株価の動きだけでは、いつ天井をつけるか、底をつけるかは読めません。時間のサイクルを見ておかなければいけない。

日柄を知らない読者のために念のためもう一度説明しますが、短期の日柄は2ないし3カ月、中期の日柄は6カ月、長期の日柄は12ないし13カ月。私の場合は、こういう日柄を普段から意識しているわけです。

日経平均は6月19日に高値をつけて、そこから下がり始めた。時間のサイクルからいうと、次に安値をつけるのはいつか。波動には「3月またがり60日の法則」というのがあるので、私は2カ月後の8月の中旬ごろに安値をつけるだろうと予想していた。そして実際に8月18日に安値をつけた。これもほぼぴったり、時間の波動どおりです。

私は8月に開催した講演会で、8月19日ぐらいに当面の安値をつけるだろうと予想しました。そして実際には8月18日に安値をつけた。

受講したみなさんは波動を知らないので、「菅下さんは天才だ」と驚いていました。種を明かせば手品と同じですが、そういう時間のサイクルを見ている人はあまりいない。

それで、8月18日に安値をつけたので、いまちょっと戻っているところです。

そこで、この後、どうなるかということですが、逆三尊になる可能性がある。酒田五法では逆三尊と言います。英語ではトリプルボトムです。

図1を見ると、トリプルボトムの一番底はFの7月12日の安値、3万1791円です。二番底がGの8月18日の3万1275円。そしていま三番底をつけにいっている。これが酒田五法でいう逆三尊の典型的な底入れです。そうなるのではないかとチャートを見るわ

けです。

逆三尊をつけたら、あとは日柄。しばらく底値圏でもみ合って、上昇第2波が始まると予想できます。

図1でもわかるように、第1波はDからAまでで、8111円上げた。もし第2波が始まるなら、第2波の出発点は8月18日のGです。

ここから8000円ぐらい上げる可能性があるとすれば、次の目標値は3万9000円あるいは4万円となるのです。

バブルの高値を奪回にいく展開が予想できる。では、それはいつか。このGから約1年、12ないし13カ月。そうすると、来年の7月、8月ぐらいに高値をつける。たぶん2024年の年央に日本株は高値をつけるというのが波動から見た私の予想です。

いま日本の株式市場が何を心配しているかというと、日銀の植田総裁が金融緩和を修正して、金利が上昇するのではないかと恐れている。

ただ、日本はアメリカとは全然経済の状況が違います。アメリカは9%のものすごいインフレだったので、ＦＲＢは必死になってインフレを修整するために金融引き締めと金利を上げてきている。

ところが、日本の場合は、日銀がもし金利を上げるなら、それは30年続いたデフレ是正のためです。それも微調整で若干金利を上げるかもしれないというレベルにすぎないでしょう。

ということは、日本の利上げは金融の正常化に向かうための政策だということです。日本はインフレ傾向が出てきているのは、日本がようやく脱デフレを実現するわけで、日本経済としてはいい方向に向かうということなのです。

# 第2章

# 戦争の時代が日本株を底上げする

## 「戦争経済」が日本株を押し上げる

いまなぜ日本の株が高くなるのか。そして、いまなぜ日本の株が買われるか。日本株が上がる理由をひとことで言うならば、「戦争経済」ということになります。いまウクライナで戦争が起きているからです。そして米中は新冷戦の時代に入って、台湾海峡でいつ戦端が開かれるかという緊張状況にあるからです。

今回のウクライナ戦争は、単にロシアがウクライナに侵攻したというだけでなく、アメリカを始めNATO諸国がウクライナに武器援助をすることで、戦線は膠着《こうちゃく》状態に陥っています。

ウクライナ一国だけが相手なら、ロシアがとっくに戦争に勝っているはずですが、アメリカやNATOを始めとする西側諸国が、高品質で高性能の武器を逐次供与しているので、戦争が長引いているだけでなく、プーチン大統領が核の先制使用を何度も言わざるをえないほど緊張が高まっている。

ロシアがウクライナで戦争している相手は、実はアメリカです。直接ロシア兵と戦っているのはもちろんウクライナ人ですが、その背後にはアメリカがいる。ウクライナ戦争はアメリカの代理戦争と言ってもいいでしょう。

もちろんＮＡＴＯも兵器の支援をやっていますが、金額的にも最大の支援国はアメリカです。その金額はすでに３００兆円にもなります。つい先日もブリンケン国務長官がゼレンスキー大統領を訪ねてさらなる支援を約束していました。

おそらく民主党のジョー・バイデン大統領の時代が続いたら、いまの状況はさらに悪化して、最終的にはロシアとアメリカの軍事紛争もありうる。そうなったら第三次世界大戦です。フランスの著名な歴史学者であるエマニュエル・トッドなどは、もう第三次世界大戦が始まっていると言っています。

バイデンは慎重なタイプだから、ロシアと直接戦争にならないように供与する武器も小出しにしていますが、アメリカも早めに停戦まで持っていきたいはずなので、ウクライナ戦争は今年が勝負です。というのは、来年は大統領選挙の年だから、ウクライナ戦争どころではなくなってしまうからです。

アメリカの共和党は、もともとウクライナ戦争に対して懐疑的ですし、ウクライナに対する援助をやめるとまでは言わないものの、削減していくつもりのようです。もし来年の大統領選挙でトランプ大統領が誕生することになったら、ウクライナへの援助を大幅に削減するでしょう。そしてロシアに譲歩する条件で停戦交渉を始めるでしょう。

米軍など西側の援助がなくなれば、ウクライナは敗北せざるをえない。そうなるとロシアや中国といった全体主義国家の存在感が国際社会で高まっていく。これまでの世界の勢力地図は書き換えられることにもなりかねない。

なので、早期に停戦までもっていけるように、いまのうちにF-16などを投入してウクライナの反転攻勢を成功させて、クリミア半島までは取り返すのは無理としても、いつでもクリミアを攻められる状況にまで持っていって、そこで停戦させたいところでしょう。

私は軍事の専門家ではありませんが、世界政治の情勢を見ていると、今年中か来年の早期に停戦にまでこぎつけられなければ、来年はさらに泥沼化するのではないかと危惧しています。

## ウクライナ戦争は日本にとって第一次世界大戦と同じ状況

このようにウクライナ戦争は長期化していますが、この戦争が日本にどういう影響を及ぼすのか。

じつは今回のウクライナ戦争の状況は、第一次世界大戦のときとよく似ています。ほぼ同じと言っていい。とくに日本が置かれている立ち位置は、第一次世界大戦のときと同じになっている。

日本は、第二次世界大戦では無条件降伏させられましたが、第一次世界大戦のときは、日本は戦勝国側について、戦争をきっかけにして世界のトップレベルの国になったわけです。このときといまの日本は同じ状況にある。令和の時代と大正時代がほぼ重なるのです。戦争と株価の関係を見ると、第一次世界大戦も第二次世界大戦も、戦争が始まってから終わるまでは株価はみな横這いでした。

戦争が始まれば経済活動が破壊されるので、株価は下がりっぱなしと思う人が多いですが、けっして下がってはいません。

なぜなら戦争による需要がものすごく増えて、一方で工場が破壊されたり、輸送網が被害を受けたりして供給量が減ってしまうので、インフレになるからです。そのインフレが戦争が終わった後に、ぐーんと顕在化してきます。

いまは、まだこの相場は来ていませんが、おそらくこのウクライナ戦争によって、日本の株は上がる。実際にいま上がっています。

ウクライナ戦争がこの後どうなるかは、私も含めて一般の人にはよくわかりません。しかし、歴史の教訓を見れば、戦争によってものすごい恩恵を受ける国とダメージを受ける国に分かれるということは確かです。

第一次世界大戦で一番恩恵を受けた国は日本でした。今回はそれと同じイメージになってきています。

なぜ戦争イコール株高なのか。需要が急増するのに供給が減るから、景気が良くなるのはあたりまえです。戦争は究極の経済対策ですから、経済はよくなるに決まっています。第一次大戦のときも欧州が戦場になったので、戦場から遠く離れたアメリカと日本から物資がどんどん送られた。それまで世界の覇権はイギリスだったのがアメリカに移りました。今回も同じことが起ころうとしています。

戦場は欧州。いまはウクライナの戦争ですが、ウクライナの周辺国はみんな臨戦態勢です。いつロシアに攻められるかわかりません。とくにポーランドやバルト三国にとってはロシアの脅威はひとごとではないでしょう。

もともとロシアの占領下にあったバルト三国とかポーランドとかは戦々恐々としています。あるいは北欧三国。ロシアはスウェーデンを攻めるという説も出てきています。そこで、スウェーデンはあわててＮＡＴＯ加盟を表明しました。

NATOの一員であるトルコのレジェップ・タイイップ・エルドアン大統領は、スウェーデンがクルド人のテロリストをかくまっているという理由からスウェーデンのNATO入りを拒否していましたが、その後の交渉のなかで自国の利益を確保したようで、とりあえずスウェーデンのNATO加盟を認めました。

フィンランドもNATOに加盟するので、ロシアはNATO諸国に完全に包囲されるかたちになっている。こうなるとロシアは最終的にはNATOとことを構える覚悟をしないといけなくなった。

しかし、いまのロシアの戦力ではとてもNATOには太刀打ちできません。そうなると、核兵器を使用しないと勝てなくなります。しかし、核戦争をしたらアメリカとNATOが全力でロシアを攻撃することになるので、どちらにしてもロシアは負ける可能性が高い。

私は戦争の予想はできないので、どちらが勝つか負けるかについてはわかりません。しかしウクライナ戦争が続く間は日本の株価は恩恵を受けるだろうと予測できます。

戦争が終わっても、日本の株は上がります。ウクライナの復興に日本が相当協力することになっているからです。しかし、もし将来ウクライナ戦争が停戦もしくは終了することになると戦争特需で上がっていた海運株などはいったんピークアウトとなって売られるリスクがあるので注意したいところです。

日本には平和憲法がありますから、ウクライナに武器支援はできなかった。そのかわり復興資金を出すことになる。これは日本の財政出動になる。だから、景気が良くなる。いまアメリカの景気が良いのはまさにこの戦争特需があるからです。

重要なのは、日本は財政赤字を極端にいやがる財務省のせいもあって自主的に財政出動することはできないけれども、戦争や復興支援といった非常事態ならば財政出動ができるということです。日本が財政出動すれば、景気がよくなるのは当然です。

だから、戦争中は日本が一番恩恵を受ける。戦争が終わったら、日本に復興特需がやってくるということで、第一次世界大戦のときより日本の景気や株価にプラスに働くかもしれません。

もちろん私も戦争を歓迎するわけではありません。一刻も早くウクライナの人々に平和と安全の日が訪れてほしいと願っています。

## 「戦争は買い」が株式投資の鉄則

これまで述べたように、いまの日本の株式相場のベースは、ひとことで言うと「戦争は買い」ということです。

戦争によって日本の各事業分野に恩恵が出てくる。いまは海運、鉄といった資源関連が非常に恩恵をこうむっている。だから、川崎汽船は新高値を更新している。5000円台で新高値。なかなか4000円の壁を抜けなかったものが、さらに1000円も上がった。海運3社とも上がっていますが、とくに川崎汽船は強い。しかも配当がいい。

川崎汽船は前期に比べて減配にはなっていますが、それでも配当率第1位です。

2023年3月期決算の高配当ベスト20位の1位が川崎汽船です。その中に日本製鉄も商社の双日も入っています。一番下が利回り4％以上、一番上は6％ぐらいです。

## 平和な時代にはイノベーションが重要だが、戦争の時代には実物が大事になる

第二次世界大戦が終わってから、朝鮮戦争とベトナム戦争をのぞけば大国同士が対立して戦火を交えるような大規模な戦いはなく、米ソ冷戦が終わってから2020年ぐらいまでの30年間、デタントという緊張緩和の時代が続いてきましたが、今回のウクライナ戦争によって新たな戦争の時代が始まろうとしています。

戦争のない平和な時代には、株式の主役はハイテクでした。その代表がGAFA（グーグル、アマゾン、フェイスブック、アップル）、あるいはMAGA（マイクロソフト、アップル、グーグル、アマゾン）でした。

平和な時代には物資を消耗させて供給を増やすことができないので、イノベーションによる新製品の創出や効率化によって利益を出すセクターが有利になるのです。

しかし、戦争の時代には、物量が問題になってきます。兵器や物資をたくさん運ばなけ

ればならないからです。ですからモノを大量に供給できる会社が儲かることになります。

まさしく第一次世界大戦のときは、そうでした。そして第二次世界大戦のときも同様で、一番儲かったのは海運、鉄鋼、商社でした。今回のウクライナ戦争でも同じです。


実際にこの海運、鉄鋼、商社の株価はすでに上がっています。

今後の日本株は、バリュー株（会社の本来価値より株価が低いと思われる割安株）が全部底上げになる。グロース株（現在の収益より将来の成長が期待される株）は米国のハイテク株が人気化した時代にすでに株価が高騰しているモノが多くなっていて、とくにIPO銘柄などは高値をつけて、下落調整局面に入っているモノが多い。ところが、バリュー株は、PBR（株価純資産倍率）1倍割れがまだたくさんある。

バリュー株は普通なら大化けはしない。ところが日本郵船は2020年のコロナ・ショックの安値から、すでに株価は10倍以上になっている。長期ではバリュー株もばかになりません。

## 米中新冷戦も日本経済にはプラス

このように、いまの相場の基調はすべて「戦争」に関係しています。ここまではウクライナ戦争を中心に説明してきましたが、もうひとつ米中新冷戦が始まっていることも重要です。台湾海峡で中国が軍事力を行使する台湾有事がいつ起きてもおかしくないからです。

習近平主席は中国共産党の歴史のなかでかつてない3期目に入りました。おそらく習近平主席は永世皇帝になるだろうと言われている。

そこまで習主席の権威が高まっているのも、台湾統一を習主席がなしとげるという期待があるからです。逆に言うと、だから習近平主席はなんとしても台湾統一をなしとげなければならない責務を負っているとも言えるのです。

中国は着実に軍事力を増強してきました。それまで弱体だった海軍を海外に派遣できるブルーウォーターネービーに育てあげ、ロケット部隊を拡充して、アメリカの軍事力を中国の領域に接近させない、A2AD（接近阻止・領域拒否）戦略をとってきました。

その戦略を実現させるために中国は毎年多額の軍事費をつぎこんできました。その成果は着実に実現してきており、いまではアメリカの第7艦隊が台湾海峡に出動するのはかなりむずかしくなってきたと言われます。

1996年の台湾の総統選挙で李登輝《りとうき》さんが初めて民主的に選ばれたときには、当時のクリントン大統領が空母2隻を台湾海峡に送り込んだだけで、中国軍は手も足もでなくなった。中国は、その屈辱を軍事力を増強することで、晴らそうとしているようです。

しかし、その軍備増強のつけを中国はいま払わされている。

米中で新冷戦が始まって、とりわけ安全保障に関連する最先端の半導体などは対中国では禁輸され、さらにグローバルなサプライチェーンから中国をはずす動きになっています。いままでは中国から安いものを輸入していればよかったのが、これからは、全部中国というわけにはいかないという話になっている。そして、中国のかわりに日本がサプライチェーンを担うという流れになってきたのです。

それも戦争と関係しています。戦争だからこそ、そうなったわけです。冷戦構造も一種の戦争です。それによって、中国売りの日本買いになっているわけです。

そうなると、いままで中国に投資していた世界のマネーが全部、日本に来ることになる。日本に加えて、アジアの民主主義国にも入ってくる。韓国やインドネシア、ベトナムなども戦争の時代の恩恵が及んでいくと思います。

しかし、他のアジア諸国と日本とでは、経済のキャパシティが全く違います。日本の株式市場は時価総額が750兆円くらいあります。他のアジア諸国はみな日本の10分の1とか20分の1程度の規模しかありませんから、やはり日本が主導していくことになる。これが日本大復活のベースです。

## これまで眠っていたバリュー株がみな底上げになる

では戦争によって株式市場はどうなっていくか。

まず言えるのは、これまで眠っていたバリュー株の株価が底上げされてくるということです。だから投資の初級者や中級者も、PBR1倍割れで、高配当の業績見通しのいい株

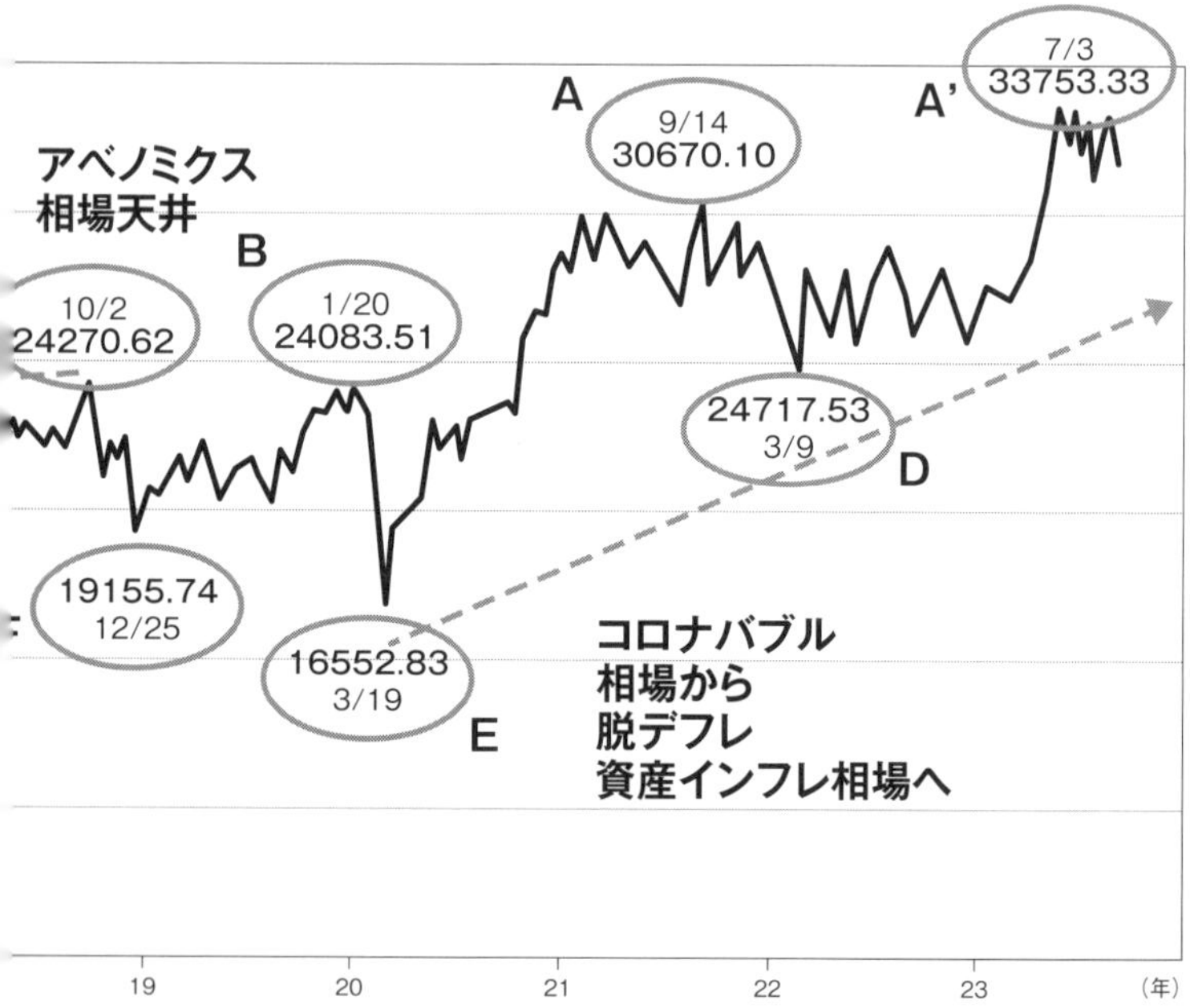
アベノミクス
相場天井
10/2
24270.62
19155.74
12/25
B
1/20
24083.51
16552.83
3/19
E
A
9/14
30670.10
24717.53
3/9
D
A'
7/3
33753.33
コロナバブル
相場から
脱デフレ
資産インフレ相場へ
19
20
21
22
23
（年）

を買っているだけで自然に儲かる。

私も去年、川崎汽船の株式を買って、2年持っていますが、株価はすでに5000円台と堅調ですが、なにしろ配当がすごくいい。2023年3月決算のときの配当は300円もつきました。

300円ということは1000株持っていたら30万円です。その時点での株価は3000円だったので、

**図４　日経平均株価　中・長期トレンド（週足）**

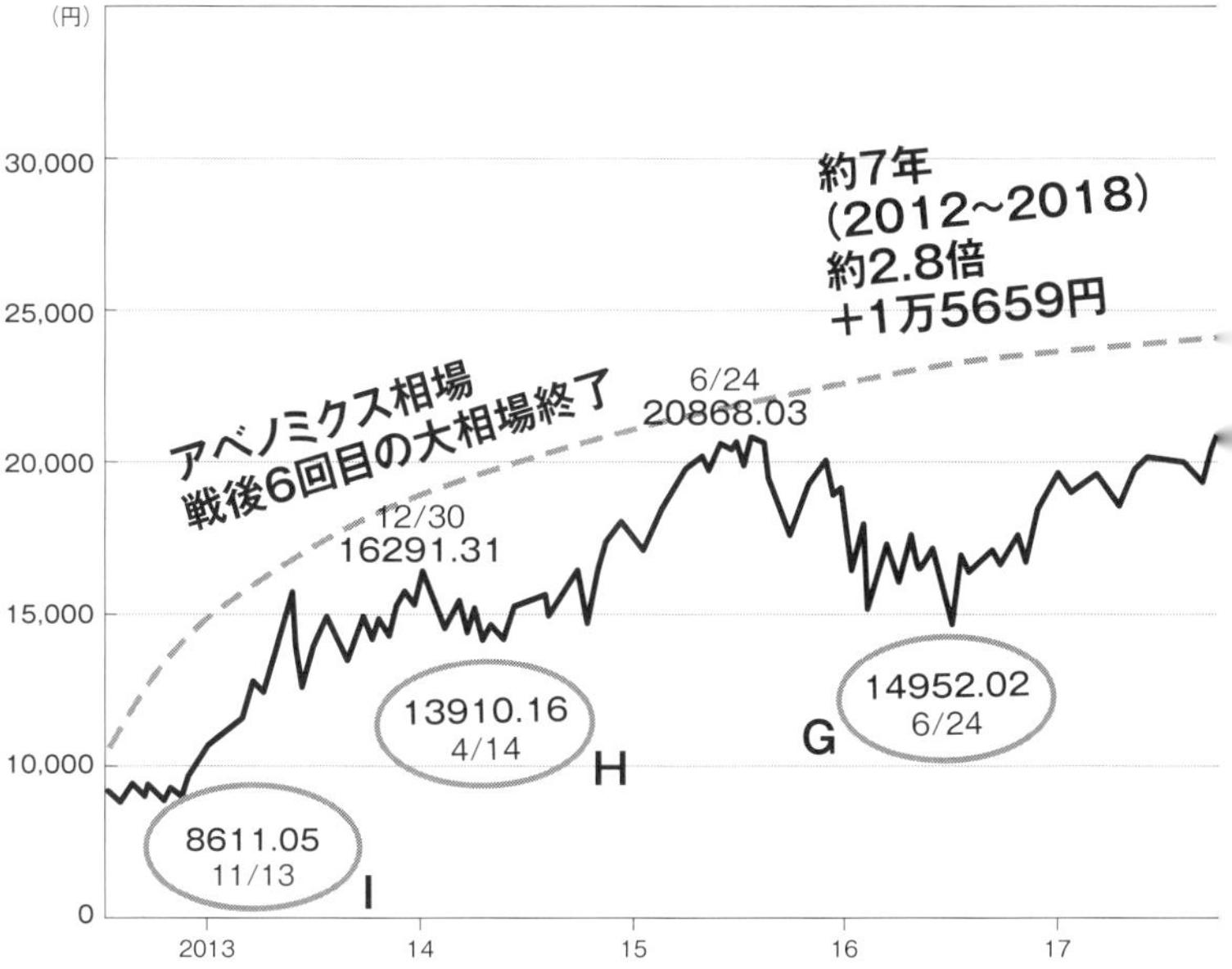
（円）
30,000
25,000
20,000
15,000
10,000
0
2013
14
15
16
17
約7年
(2012~2018)
約2.8倍
+1万5659円
アベノミクス相場
戦後6回目の大相場終了
6/24
20868.03
12/30
16291.31
13910.16
4/14
H
14952.02
6/24
G
8611.05
11/13
I

１０００株買って３００万円。３００万円で30万円の配当です。配当だけでも大きい。

10年、20年、資産株で川崎汽船や日本郵船の株を持っている人は大勢いる。その人たちがはっと気がついたら、株価が10倍ぐらいになっている。しかも配当がすごくいい。こうなるとみんな絶対に売りません。だから、よけい上がる。

当然、バリュー株の株価

上昇と配当率の高さに気づいた、眠れる個人金融資産2000兆円が株式市場にも入ってくる。

株式投資をよく知らない人でも、高利回りの投資信託を買えばいい。いま、投資信託にもかなりの資金が入ってきています。

あるいは日経平均が上がれば儲かる積み立て型のインデックス投資に入ってきている。日経平均が上がるのは目に見えていますからこちらもお勧めです。日経平均はもうすぐ4万円時代に入っていくでしょう。

私は日経平均4万円はまだ通過点だと考えています。4万円の倍の8万円の世界を私は見ています。おそらく2028年までに日経平均は8万円台に載せてくるのではないかと予測しています。

では、その根拠は何か。波動理論で解説してみましょう。

## 日本株は戦後7回目の上昇波動に入った

いま日本株の相場は、大きな波動の7回目に入っている。いま日本株が7回目の波動に入っていることをわかっている人は、ほとんどいません。

図5は日本株の長期のチャートです。いつも出しているこの長期のチャートを見ると、戦後6回の大相場がありました。そして戦後6回目の大相場は2012年の11月に野田佳彦前民主党首相が、国会で当時野党の安倍晋三さんの質問に答えて、解散すると言ったときから始まった。それが11月13日で、その翌日の14日から株価が上がった。

このときはまだ第2次安倍政権は影も形もなかった。ただ、解散総選挙をすると言っただけで、翌日からもう株価が急上昇したのです。だから、11月13日が安値です。じつはここからアベノミクス相場が始まった。

そして、2012年の12月20日に第2次安倍政権が誕生して、翌年の2013年4月4

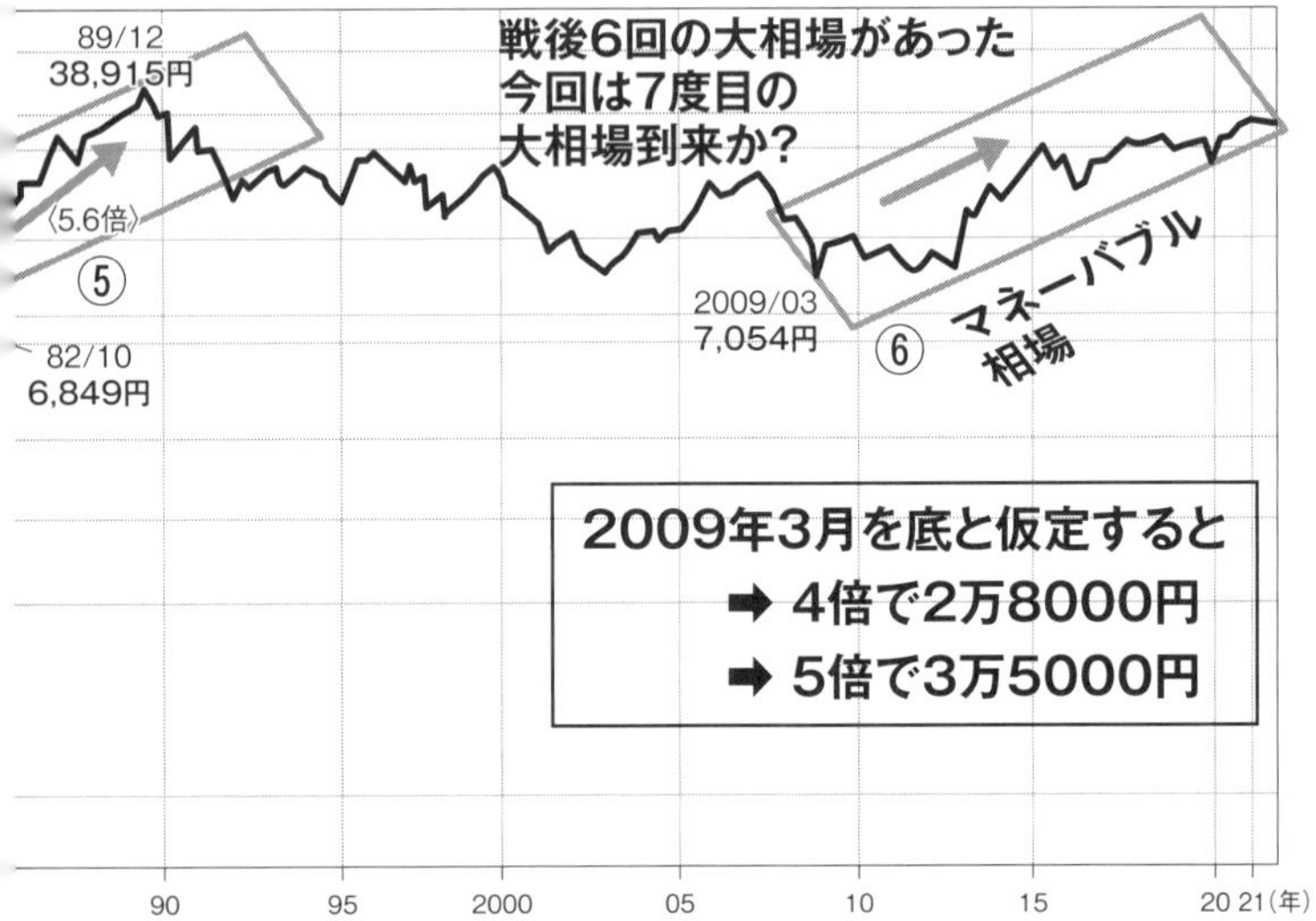
89/12
38,915円
戦後6回の大相場があった
今回は7度目の
大相場到来か？
〈5.6倍〉
⑤
82/10
6,849円
2009/03
7,054円
⑥
マネーバブル
相場
2009年3月を底と仮定すると
➡ 4倍で2万8000円
➡ 5倍で3万5000円
90
95
2000
05
10
15
20
21（年）

日に黒田東彦総裁の黒田バズーカ砲が始まった。いわゆる異次元の金融緩和です。ここからアベノミクス相場が急上昇して、足かけ7年で株価は2・8倍になった。

戦後6回の大相場がありますが、これはほとんどが、出発点から5倍以上ですが4回目に2・39倍ぐらいのときがあった。このときはオイル・ショックが原因でしたが、アベノミクス相場が5倍にならなかったのは、途中政治的スキャンダルで安倍政権が失墜したからです。

**図5　戦後の株価推移**

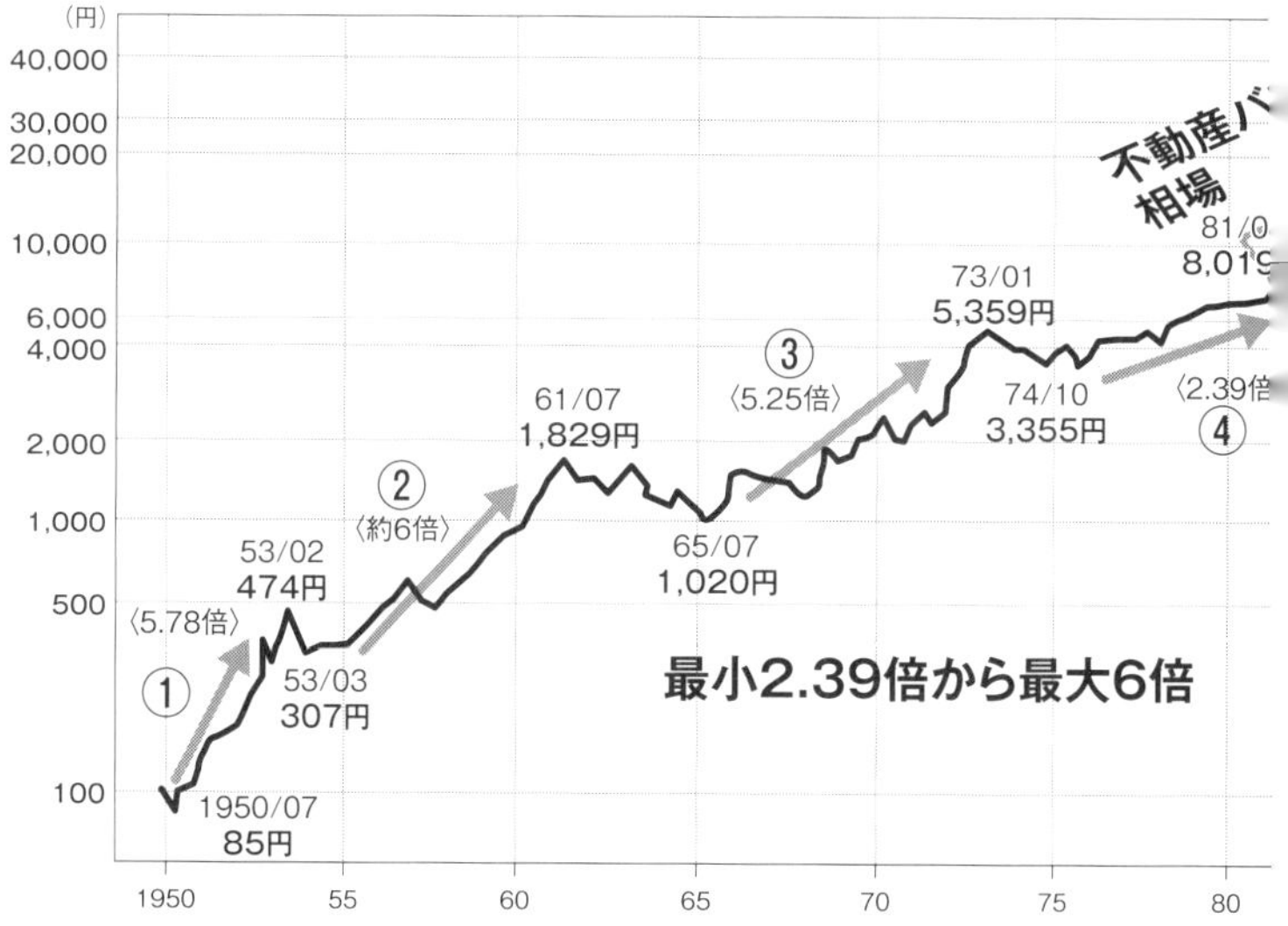


２０１７年から森友学園問題で国会が紛糾《ふんきゅう》するようになった。そのあとも経済特区をめぐって加計学園問題が起こって、「モリカケ」といわれて安倍首相が窮地に陥った。「モリカケ」が一段落したと思ったら、今度は「桜を見る会」の経費問題で国会が紛糾した。それが、２０１９年の５月でした。

安倍政権は続いていましたが、この「モリカケサクラ」問題で実質的に安倍さんは失脚したと言っていいでしょう。株価はそれを先に織り込んでいたわけです。

こうしてアベノミクス相場は、7年上げて2018年の10月に天井をつけて、そこからずっと下がって2020年のコロナ・ショックの3月19日に1万6552円で底入れした。ここから株価は新しい上昇波動に入ってきます。

この2018年の10月天井で戦後6回目の大相場が終わった。その後、コロナ・ショックの安値、1万6552円から、いま戦後7回目の大相場が始まりつつあると私は見ています。

高値の目標はどれくらいになるか。この安値の1万6000円から5倍なら8万円です。途中で何かあるかもしれませんが、コロナ・ショックの1万6000円から5倍の8万円をめざす相場が、長期トレンドでいま始まっている。これが長期トレンドです。

## 2024年末に日本株はバブルの最高値を超える

それでは短期ではどうか。44ページの図4にあるように2020年の3月19日の安値から、翌年、2021年の2月まで上げた。これはちょうど12カ月、1年です。この後、9

月に3万670円台でダブルトップをつけた。

二番天井をつけたので下がって、翌年、2022年の3月9日に、2万5000円割れというところで底入れして、あとはもみ合っていた。

このコロナ・ショックの2020年の3月からちょうど3年後の2023年、今年の3月までに底入れした。それで上がってきた。


そして、4月にこのダブルトップを抜いてきた。この天井を突破するまでの日経平均株価は、下が2万5000円、上は3万円の相場のゾーンでした。いまはこれが、下が3万円、上は3万5000円のゾーンに入っている。

2023年の年末まで、このゾーンの中で上がったり下がったりしながら、この壁をいつ突破するかというのがコロナ・ショックの後の動きです。

この壁を突破したら、次は史上最高値、バブルの高値を目指す相場がやってくる。

日柄から見て、史上最高値を奪回するのは2024年の年末ぐらいではないかと見ています。

## 日本経済は２０２３年から３年続くゴールデン・サイクルに入った

もうひとつ株価上昇の要因になるのが、ゴールデン・サイクルが今年から始まっているということです。

景気循環の専門家で三菱ＵＦＪモルガン・スタンレー証券の嶋中雄二さんが、２０２３年から２０２５年にゴールデン・サイクルに入ると予測しています。ゴールデン・サイクルとは何か。

景気循環には短期、中期、長期、超長期の４つの波があります。その４つの波が全部、上昇期に入るのがゴールデン・サイクルです。近代になってから6回目のゴールデン・サイクルが２０２３年から始まるというのが嶋中さんの説です。

過去5回のゴールデン・サイクルは2年続いただけですが、今回はめずらしく3年続く可能性があります。つまり、短期、中期、長期、超長期の波が全部、上昇期に入る。

短期の波というのは在庫投資の波、中期の波は設備投資の波。こういう波が全部、上向いている。

長期の波というのは一番大事で建設循環の波です。これも上昇期に入っている。建設循環というのは20年ごとに建物が古くなって建て直すので景気がよくなるという波です。さらに超長期はコンドラチェフの波。40年～60年の長い波ですが、これも上がっている。

これらの波が全部、上昇期に入る。したがって、２０２３年以降、日本にも資産インフレの波が押し寄せて株価が上がる。

遅くとも、２０２５年までには１９８９年の高値を突破して、日経平均株価は４万円をつけるだろうと私が予想しているのは、このゴールデン・サイクルがあるからです。

ゴールデン・サイクルの２年目ぐらいに４万円を突破する。それが大きな流れです。

## 海外投資家が日本株に殺到し始めた

では、これから日本株を買うのはだれかという問題です。

まず日本株をいままで買ってきた人は海外投資家でした。彼らが2023年の年初から11週連続で買い越しています。

この一つの要因になっているのが、米中の新冷戦構造の中で、もう中国からは投資を引き上げる動きが出て、その資金が日本に来ていることがあります。

さらに世界のマネーはヨーロッパからも逃げている。なぜならヨーロッパはウクライナ戦争の長期化で、戦場になる可能性が高まっているからです。戦争に巻き込まれる可能性がある国には投資などできません。

さらにいまヨーロッパは、インフレがおさまらなくて、ヨーロッパの中央銀行であるECBが利上げを続けている。ごく最近の9月14日のECBの理事会で0・25%の利上げを発表した。これでECBは連続10回も利上げを継続したことになります。

クリスティーナ・ラガルドECB総裁は、必要なかぎり利上げを継続すると言っている。

これではヨーロッパ経済はなかなか浮上できません。
またアメリカもパウエルＦＲＢ議長がさらに利上げする意向を示したことでニューヨーク株式市場が不安定になってきた。

## 日本企業の自社株買いも株価を押し上げている

このように海外投資家がまず日本の株高に火を点けた。でも、いままでならば海外投資家が日本株を買って、そのあと海外投資家が売ってきたら、相場はもう終わりでした。ところが、今回は海外投資家が売っても上がる。

なぜか。日本の企業が自社株買いを始めたからです。日本企業は、これまで５００兆円以上とも言われる世界最大の内部留保をため込んできました。この日本企業の内部留保が強烈な自社株買いとなって、ずっと続いているのです。

日本企業は長期デフレのなかでも血のにじむような経営努力を続けてきて、利益を積み上げてきました。国内で設備投資をする環境にはありませんでしたから、その利益が世界最大の内部留保となっていました。

そのために日本株は、PBRが1倍を割っているものがたくさんある。

PBRというのは、株価純資産倍率といって、株価の時価総額とその企業の純資産額の比率をいいますが、このPBRが1倍以下ならば株価は割安になっていると考えられる。安定した製造業の場合は、このPBRが低いケースが多いのが普通です。

しかし、PBRが1倍以下ということは、経営者が経営資源をうまく使っていないという風に見られかねません。そのため、いわゆるアクティビスト（モノ言う株主）などに狙われることになります。

内部留保で現金など持っていたら、モノ言う株主にがんがんに攻められます。たとえばコスモ石油などは旧村上ファンド系が筆頭株主になって、出光石油との合併を主導されるような流れになっています。

## 三位一体の上昇相場がこれから始まる

こうした株主からの圧力や、政府からの賃上げ要請などがあって、日本企業もこれまでため込んできた内部留保を自社株買いや賃上げに使うようになってきました。自社株買いをするようになれば、ＰＢＲ１倍割れは解消されていきます。

さらに円安が続いていて、円安要因で海外投資家が投資しやすい環境になってきている。とくに自社株買いを積極的にやっているのは、円安でメリットを受けた企業です。すごく儲かっているからです。自動車のトヨタも大幅に利益を伸ばしていますが、海運などはめちゃくちゃ儲かった。

日本郵船は去年、３回も配当を出して年間総額は１株あたり１２００円にもなった。そういう企業が続々出てきている。

## 日本の個人資産２０００兆円が動き出す

ひとことで言うと、今回のウクライナ戦争に端を発した世界的戦争経済の恩恵を一番受ける国は日本です。しかも日本という国は、よく見てみたら底力がある。

いままで個人の金融資産も眠っていた。現金と金融資産を合わせて２０００兆円もある。この眠っていたお金がいま株式市場に向かいつつある。

２０００兆円という金額はどのくらいすごい金額なのか。リーマン・ショック前は世界に流れていた緩和マネーの総額は４００兆円ぐらいでした。ところが２０２０年のコロナ・ショックが起きて、世界各国の中央銀行がお金を刷りまくったので、総額は２０００兆円にも膨れ上がりました。

いま世界中に出ているマネーの総額が２０００兆円です。この世界中に出回っているマネーの総額と日本の個人の金融資産はイコールなのです。

それほど日本はお金持ちの国なのです。ところがデフレの時代があまりにも長かったので、みんな萎縮してお金を使わずに利回りのまったくない貯蓄やタンス預金にして眠らせてきたために貧乏だと錯覚してきたのです。

脱デフレで賃金インフレが始まろうとしているいまこそ、潤沢にある日本人のお金を有効に活用すべきなのです。

# 第3章

# なぜ日本だけが世界で一番景気が良くなるのか

## 賃上げインフレと円安でデフレを脱却する

前章でも述べましたが、エコノミストの嶋中雄二さんが指摘されているように日本経済は、ゴールデン・サイクルが２０２３年から始まっている。しかも、今回のゴールデン・サイクルは特別です。なんと２０２３年、24年、25年と3年連続でゴールデン・サイクル入りするのです。

いままで2年連続はありましたが、３年連続になるのは歴史上初めて。このゴールデン・サイクルに入った日本経済には、いままでなかったような大好況がやってくる可能性がある。

さらに、日本は今年の４月からようやく賃上げが始まっているので、賃上げインフレで株価が上がるといういい循環になる可能性がある。

それに加えて、昨年は32年ぶりに為替が１ドル１５０円となり、円安が株価上昇の追い風になった。円安で海外からの投資が加速し、日本の輸出企業の業績が大幅に改善した。いまも150円近辺で円安が続いている。

したがって、今回は賃上げインフレと円安のセットで、日本経済は30年以上続いた長いデフレのトンネルを抜けようとしている。

では、デフレが終わって日本の景気がよくなると予測した場合、どんな裏付け情報が出てくるかというと、すでにいろいろ出ています。

## 100兆円という巨額の設備投資が始まった

まずマクロ経済を見ると、日本は設備投資の拡大が急速に進んでいる。この2023年はなんと100兆円です。これほど巨額の設備投資が行われたのは、過去にはバブルのときに1回しかない。

しかも来年、2024年度も設備投資は106兆円くらいになるという予想が出ている。日本の経済の歴史で、100兆円以上の設備投資が2年続いたことはありません。

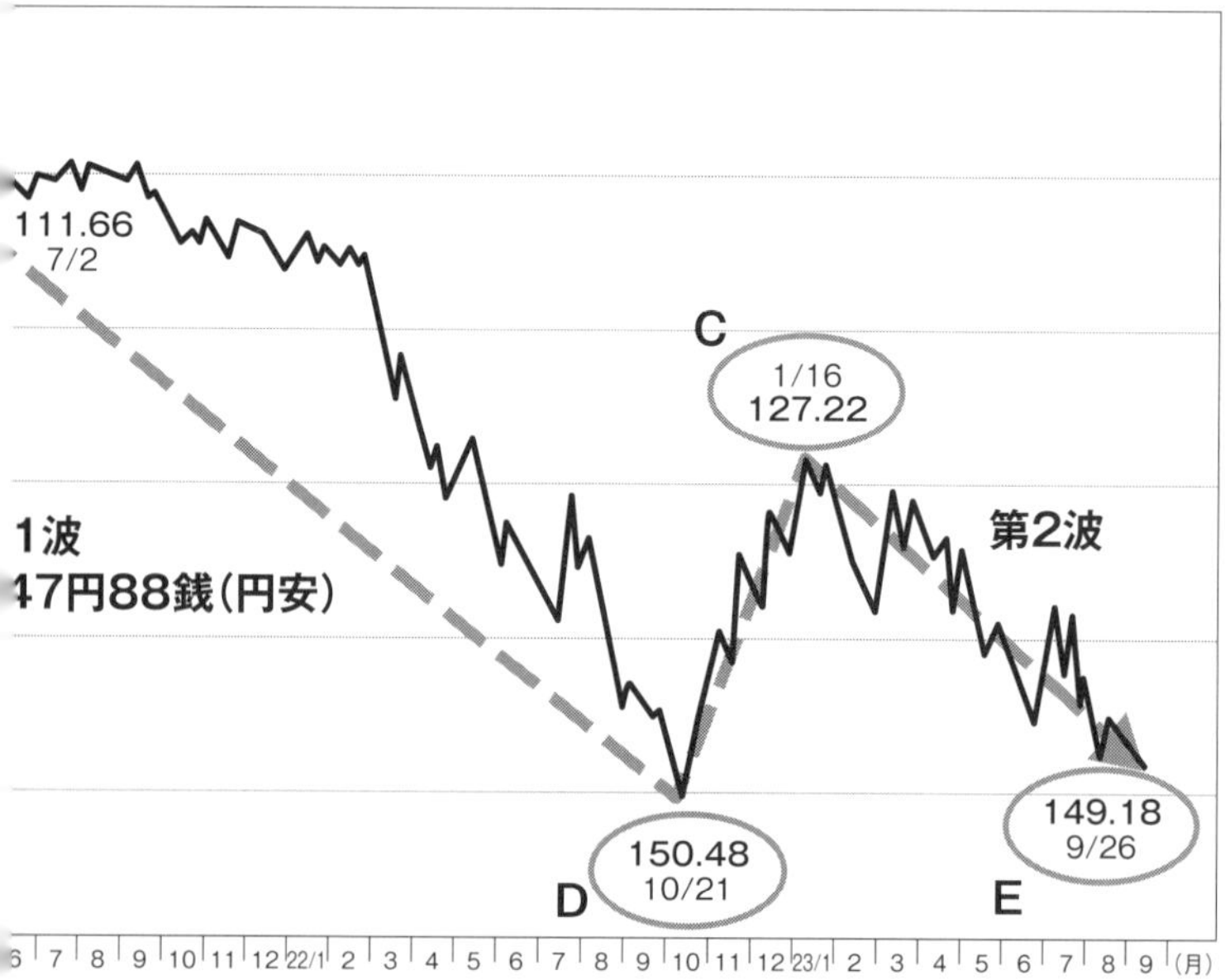

111.66
7/2
C
1/16
127.22
1波
47円88銭（円安）
第2波
150.48
10/21
D
149.18
9/26
E
6 7 8 9 10 11 12 22/1 2 3 4 5 6 7 8 9 10 11 12 23/1 2 3 4 5 6 7 8 9 (月)


設備投資は景気の四番バッターと言われています。

それが国家予算と同じぐらいの巨額なものになればとてつもない好景気になる可能性がある。なにしろ、日本の国家予算は１００兆円を少し超えるくらいですが、ということは、国家予算を全部、財政出動しているのと同じだからです。

たとえば海運や鉄鋼、商社はものすごく景気がいい。

図6　ドル・円相場（日足）

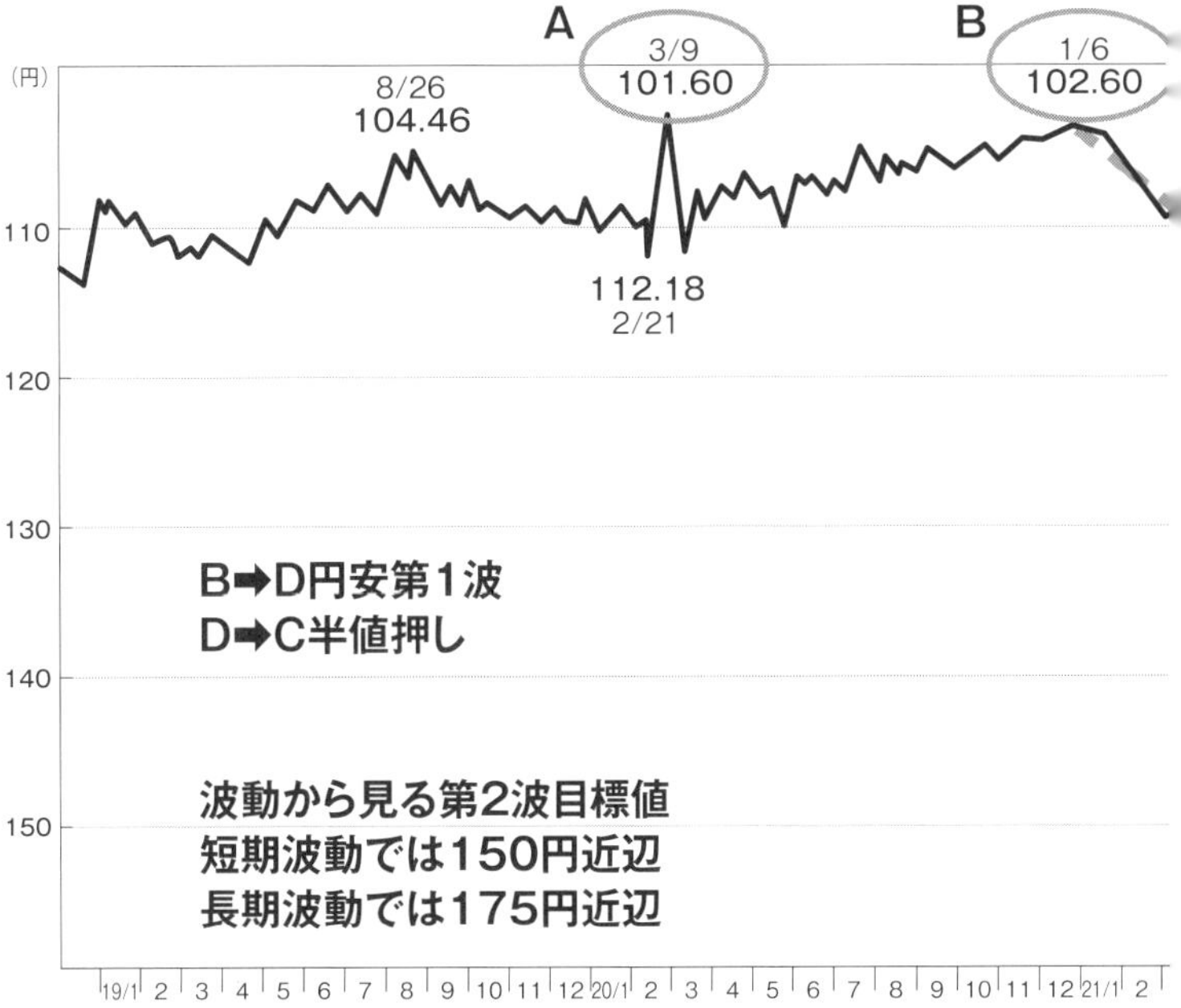
A
B
3/9
101.60
1/6
102.60
(円)
8/26
104.46
110
112.18
2/21
120
130
B➡D円安第1波
D➡C半値押し
140
波動から見る第2波目標値
150
短期波動では150円近辺
長期波動では175円近辺
19/1 2 3 4 5 6 7 8 9 10 11 12 20/1 2 3 4 5 6 7 8 9 10 11 12 21/1 2

配当を大盤振る舞いして、自社株買いをやって株価は上がってきている。それで川崎汽船は15年ぶりの高値。日立はなんと32年ぶりの高値。こんなことを言うと怒られるかもしれませんが、凸版印刷（TOPPAN）のような地味な会社が25年ぶりの高値をつけている。

　こういう現象が起きているのも脱デフレが始まっている証拠です。ということで、日本はいよいよこれから景気が良くなる。しかも史上最高の景気がやってくる可能性すらある。

そして、30年ぶりの大円安時代。いまの140円台後半から150円という水準はほぼ円の安値のピークに近い。これはかつて円高で1ドル75円とか80円とかの時代に、日本経済は絶対優勝できないくらいたくさんのハンデを背負ってラウンドしているゴルフプレーヤーだった。

ところが、今回は眠っていても優勝できるくらいの、すごいいいハンデをもらってゴルフをやっているような経済状況なのです。

## 植田新日銀総裁は利上げできるか？

日銀総裁が、10年の長きにわたって務めた黒田東彦総裁から植田和男氏に交代しました。植田さんは、1998年〜2005年、日本銀行政策委員会審議委員として速水総裁や福井俊彦総裁をサポートしていた学者肌の方です。福井総裁のときに日銀が世界に先駆けて量的緩和をやりましたが、この政策立案に携わった理論派です。

就任したのが今年2023年の4月8日。これまでのところ黒田東彦《はるひこ》前総裁の緩和政策を継続するという慎重な姿勢です。おそらく来年3月までの1年間は何もしない。就任2年目の4月ぐらいに、やっと動き出すと私は予想しています。

ただ、YCC（イールド・カーブ・コントロール）は若干調整してくるだろうと予想していました。このYCCは一般の方にはわかりにくい金融政策ですが、短期金利と長期金利の誘導目標を決めて、その水準を維持するように日銀が国債を買い入れる金融緩和策です。国債満期までの期間と金利の関係を示す利回り曲線（イールドカーブ）全体を操作するので、こう呼ばれています。

すでに昨年12月には10年物国債の金利幅を上下0・5％まで拡大するように変更していましたが、今年7月の金融政策決定会合で上下1％の幅まで許容するというかたちで修正してきています。

このYCC政策はわかりにくいし、やめるかもしれません。植田総裁は、YCCはやめるかもしれないけれども、利上げや金融緩和を引き締めに転じたと取られないように注意深く1年は株価にマイナスになるようなことは何もやらないと思います。

植田総裁は「動かざること山の如し」が正解だと思っているようです。新任の総裁として何かするだろうと周囲から期待されているのですから、何もしないというのはたいへんむずかしいことです。植田日銀は来年の春くらいまでは、利上げはしないはずなので、日本の株価は上がるはずです。ベースは円安です。

いまは世界的にインフレ基調となってきたので、アメリカのFRBを始め各国は金融引き締めに入っている。なので、世界に流れている緩和マネーの総額は減ってきている。

しかし、日本はいまのところ植田新総裁も金融緩和を継続しているので、日本の緩和マネーは減っているどころか増えている。なぜなら国債を発行すればマネーサプライが増えるからです。いまはマネーサプライとはいわずにマネーストックというようになっていますが、要するに銀行預金と現金のことで、いま現在すぐに使えるお金が増えているわけです。

企業と同じように国のバランスシートを見れば、負債の反対側に国民の金融資産がある。それが個人資産2000兆円になっている。ところがマスコミを始め多くのエコノミストまで、「日本は借金大国だから貧乏」と言うから経済政策がおかしくなってしまった。国債を発行すれば、負債も増えるけれど、日本の金融資産も増える。そして株も上がる。植田総裁の金融政策の舵取りは基本的に間違っていないと思います。

## 資産を持つ者と持たざる者の格差が広がる

私は、2023年の4月から始まった賃上げインフレ相場で、過去30年でデフレの影響を受けた企業が立ち上がるだろうと予想していましたが、いまバリュー株で高配当・好業績の株が上昇してきています。マネーの大きな流れはバリュー株が中心です。

これから日本経済と株価の全体の底上げがどんどん続くので、この脱デフレ、資産インフレの恩恵に乗った人はみんなお金持ちになりますが、これに乗らなかった人は貧乏になってしまいます。

私は以前から、2023年からの「3年間」が資産形成のラストチャンスになるだろう。資産を持つ者、持たざる者との間に格差が広がっていく可能性があると予想していました。まさにいま、日本でも、資産を持つ者と持たざる者の間で大きな格差が広がりつつあります。ものすごく景気のいい業種や個人はいても、その一方で好景気の恩恵をまったく受けない人も出てくる。

実際に、野村総合研究所による2022年の概況調査レポートでは「ここ数年、日本の富裕層が増加している」というデータが公表されました（2021年集計）。資産を持っていた人はどんどんお金持ちになっている。

すでに、アメリカでは資産を持つ者と持たざる者の間で格差が広がっています。アメリカはジョー・バイデン大統領の財政バラまき政策で、資産インフレが起きて富裕層が増えていますが、その一方で貧困層も急拡大している。日々の食事すらとれなくなってフードスタンプをもらう人の数が、いままでで最高になっている。

要するに金融資産を持っているかどうかが運命の分かれ道なのです。なぜかというと、インフレで物価が上昇して生活コストが上がってきている。きのうまで100円で買っていたものが150円になる。では、給料が値上がり分以上上がるかというと、絶対そうはならないからです。

金融資産を持っている人はもっとお金持ちになるけれど、持っていない人は貧乏なままどころか、さらに貧乏になってしまう可能性がある。

アメリカ人は自分の資産を株や不動産に投資するかたちで保有している人が多い。だからアメリカ人は貯金などほとんど持っていない。お金がなくなったら借金すればいいと考えている。日本人のように貯金して銀行にお金を眠らせるようなことはしていないのです。

2020年の統計を見ると、アメリカ人の金融資産の比率は、現預金が12・7%に対して株式や証券・債券などのリスク性資産が54・2%となっています。日本人はリスク性資産は17%で現預金が54・7%となっていて、まったく見事にアメリカ人とは逆になっている。

アメリカはいま利上げをしているので、貯蓄でもそれなりの金利収入になりますが、日本の場合はゼロ金利なので、いくら定期預金にお金を預けても利回りは、せいぜい0・1%にしかならない。それだといくら貯金しても資産が目減りしていくだけです。

これまで日本人は長年のデフレマインドから抜け出せていないので、投資に踏み切るには勇気がいりますが、株式投資は一般の人が資産を持つ一番簡単な方法です。不動産はそう簡単には買えません。

1株でも100株でもいい。三菱商事でも味の素でも花王でもなんでもいい。日本株全体が底上げになる相場だから、どこでも名の知れた会社の株を持っていれば資産を増やすことができる。この本を読んで資産形成や株式投資を始めれば、資産は3倍、4倍になるチャンスが到来しているのです。

## 新冷戦構造で日本が西側諸国のなかで重要なポジションとなった

もう一つは、第2章でも説明したようにウクライナ戦争や米中新冷戦という戦争の時代に入って、国際情勢が日本に有利に動いていることです。トランプ大統領の時代から米中新冷戦が始まって、バイデン政権になっても安全保障に関しては米中の対立は激しさを増している。

これまで日韓関係は、文在寅《ムン・ジェイン》大統領の時代は徴用工や慰安婦の問題でぎくしゃくしていたものが、尹錫悦《ユン・ソンニョル》大統領が日韓関係の修復に積極的で日米韓の同盟強化の方向がはっきりしてきています。

日米欧の民主主義国家とロシア、中国、北朝鮮、イランのようないわゆる専制国家、非民主的国家との対立に和解はありません。最終的には軍事紛争になる可能性も十分ありうる。その軍事紛争の可能性を視野に入れて、中国はあらゆることを犠牲にして軍備増強を行っている。

北朝鮮も同じです。北朝鮮は国民の食べるものもないのに核兵器やそれを搭載するミサイルの開発を進めている。

中国も北朝鮮も独裁的な全体主義的国家体制を維持するためには軍事力を強化するしかないのです。

そういう新冷戦構造の中で、日本は地理的に中国やロシアに対峙する国なので、欧米から見ると非常に重要な国になっている。つまり地政学的な重要性が高くなっているのが日本なのです。すなわち、日本を支援することが、欧米の利益になるという構図ができている。だから、日本に対してアメリカは何も反対していません。

今回の福島第1原子力発電所のＡＬＰＳ処理水の海洋放出にしても、昔ならばアメリカからも何か文句を言われる可能性がありました。しかし、利害が反する中国は文句を言っていますが、アメリカは何の問題もないということで、欧米はみんな日本支援です。

そういう背景の中で、いま世界のマネーは中国売りの日本買いという動きになりつつある。来年以降はそれがさらに加速するでしょう。

そういうことで、大げさに言えば「日本の時代」「バイ・ジャパン」がいま始まりつつある。

## 長い眠りから醒めた日本経済

いま日本は長い眠りから醒めた。日本は脱デフレだけではなく、技術革新もある。もともと日本は技術大国で、ホンダやソニーを生んだ唯一のアジアの国ですから、やはり技術革新も目立っている。

そこで、私は今年の年初から、脱デフレが4月以降始まるので、当面は円安、賃金インフレ、ウクライナ戦争で恩恵をこうむる業種の好業績の、高配当の株にお金が集まるからそれを買ったらいい、と私が主催する勉強会の会員のみなさんに伝えていました。

具体的には、海運、鉄鋼、商社のビッグ3の銘柄です。いまも上がっていますが、年初に比べれば割安感は低くなっています。川崎汽船は年初、2000円台だったのが、いまは5000円台です。しかも、いまだに高配当を続けている。

ほかの会社がせいぜい20円程度の配当なのに対して、川崎汽船はこの9月中間決算でも100円です。前年の配当は300円でしたから、それにくらべると下がってきていますが、それでも100円の配当は大きい。商船三井も120円です。

日本郵船は昨年の配当が1株当たり1200円でした。3000円の株を1000株買ったら300万円で、配当が120万円ももらえたのですから、すごい配当でした。

しかし、もうバーゲンセールではないので、次に期待できる銘柄をこの本ではご紹介します。

## 資源株高で砂糖業界まで株価が上昇中

私は仕事柄、7社の証券会社と取引があります。情報を取るために、各社からアナリストレポートを取り寄せるためです。取引口座を持っていれば、各社がレポートをタダで送ってくれる。

この間、野村證券の営業マンが野村のアナリストレポートを持って、私の事務所を訪ねて来ました。推奨株の話になって、いま私がどんな銘柄を買っているのかと聞かれたので、「砂糖を買っています」と答えたら、びっくりしていました。

それで、「なんで砂糖なんですか」と聞くから、こう答えました。

「あなた、まずニューヨークの砂糖相場見てる？　いま歴史的な高値圏です。砂糖の需要が高まって、日本国内の砂糖価格もすごく上がっている」

それで、「東洋精糖のいまの予想配当、何パーセントか知ってる？」と私が聞くと、彼はまったく知らない。そのときは6％でした。

その場でチャートを見せたら、その営業マンはのけぞっていました。

東洋精糖とかフジ日本精糖とか、株価がすでに2倍以上になっています。私が買ってから倍になりました。それでもまだ売っていません。なぜなら配当がいいからです。東洋精糖はいま株価が上がった段階でも、配当利回りは5・9％で、まだ5％台。

最初に砂糖株に注目したのは、ニューヨーク砂糖市場がものすごく上がっていたからです。いまはもう高値圏です。それで、国内の砂糖価格が非常に上がっている。だから、製糖メーカーは在庫だけで何もしないで儲かっている。業績はものすごくいい。砂糖の需要が増えているからです。

いまの若い女性は朝ごはんの代わりにチョコレートを食べたりするらしい。これは日本だけでなくて世界的な傾向みたい。

世界的インフレは止まらないので、砂糖に限らず、鉄であろうが銅であろうが、コモディティー（商品、資源）の価格はこれから上がる一方になるでしょう。だからこれからの株式投資では、実物を扱う、リアルのモノを売って、利益が出ているところが面白い。

こういう業界の株は、デフレの時代には全然だめでした。たとえば食品株は、この30年間上がっていない。デフレの時代にはみんな安物買いしかしない。値段が下がることがわかっているので、3割引きになるまで待っている。これでは株が上がるはずがなかった。しかし、これからは違います。


デフレの時代が長かったので、資源関連の会社で、業績はいいが、株価があまり上がっていない銘柄が日本の株にはたくさんある。

たとえばエスビー食品とかキユーピーとか六甲バターとか、株価が上がっていないので業績が悪いのかと思って『会社四季報』を見ると、悪くない。そういう銘柄がまだいっぱいある。

日本の食品会社は株式市場では、成長株でもないし、いままで無視されていた。でも、これからは物資不足が起きる可能性が高くなっている。ある日突然、スーパーの棚からバターがなくなってしまう。卵が品薄になって買えないなどという事態が将来起こりうる。

しかし、著名投資家のウォーレン・バフェットではないですが、人々が必ず使うものに投資したい。

バターは絶対使われる。砂糖も絶対必要です。キッコーマンの醤油も必ず毎日の食卓で使われる。こういう商品を扱っている会社の株価の底上げが続くだろう。いままで100円で売っていたのが、120円で売れるようになってきて、業績がよくなっている。黙っていても利益が出るようになる。

## 消費関連では食品も注目される

海運、鉄鋼、商社以外にも、今年になって有望なのは消費関連です。なかでも私が注目しているのが食品です。食品関連の株が上がり始めている。というのは、景気が良くなって消費が拡大しているからです。

さらに円安でインバウンドが急速に復活してきている。それと同時に国内の消費が拡大している。いまは食べ物屋など、消費関連の株がものすごく強い。

例えば最近では丸千代山岡家（３３９９）というラーメンチェーン店がストップ高になって新高値をつけた。山岡家は本社は札幌のラーメン屋で、ラーメン99というチェーン店を展開している会社です。いままではラーメンチェーンの株価が上がることはほぼなかった。それがいまは食品関連は軒並み強くなっている。なぜか。バリュー株の株価の底上げが始まっているからです。出遅れているからです。

いままで食品はコロナ不況で全然だめでしたが、インフレの時代になったので、値上げもできて、利益が出るようになった。

とくにいまはインバウンドが急回復して、訪日観光客が１０００万人を超えています。外国人観光客が日本に来るのも、日本の食品が安くておいしいからです。

たとえば寿スピリッツ（２２２２）という会社があります。本社は鳥取県米子で、土産物専門のお菓子メーカーです。この会社のお菓子をインバウンドで来た外国人観光客が買いまくっていると言います。韓国人の観光客が店にある土産物用のお菓子を「全部ください」と言うらしい。

日本のお菓子は見た目もきれいだし、おいしい。しかも円安で大幅に安くなっている。

なので食品関連の投資対象として面白くなっている。

## ハイパーインフレの国ではお札より卵のほうが価値が高い

こうした食品関連の株まで上がってきているのは、インフレの時代になっているからです。インフレになれば紙幣の価値が落ちます。だから実物が重要になってくる。

たとえばベネズエラのようなハイパーインフレの国では、自国の通貨で給料をもらったら、その日のうちにすぐ卵1個に換えてしまうようなことになっている。卵1個のほうが価値が上がるからです。紙幣を持っていたらすぐに価値が下がってしまう。

インフレが一番ひどい状況であるハイパーインフレになると、食パン1斤《きん》を買うのに、荷車いっぱいの札を持っていかなければいけなくなる。実際に、第一次世界大戦で敗戦国になったドイツでは、まさにそうなった。

これからのインフレの時代には多くの発展途上国では、そういうことが起きてくる。日本はインフレといってもまだ始まったばかりですが、発想としてはデフレからインフレへの転換を意識しなければならない。

## デフレ時代の頭を切り替えないと大損してしまう

デフレの時代は通貨に価値があった。物価が下がるばかりだから通貨を持っているだけで価値が上がっていた。しかし、インフレの時代は、まったく逆です。

モノの値段が上がる一方なので、お金を持っていたらしだいに減価してしまうのです。これまで日本は30年間もデフレが続いてきたので、多くの人が物価は下がり続けるものだと思ってきた。だから、いま買わなくても、時間がたてば値段が下がるだろうと予想して、お金を使わなかった。お金を握りしめていれば資産を守ることができるという発想がこびりついてしまったのです。

この発想、デフレマインドこそが日本でデフレが続いた大きな要因の一つでした。しかし、インフレが始まったこれからの時代は、そんな発想を持ち続けていたら資産が減る一方になってしまう。インフレの時代は、モノの価値が上がる。だからお金をモノに換えるほうが資産を維持できる。発想をこれまでとまったく逆転させなければならないのです。

典型的なのが、金《きん》（ゴールド）です。金の値段がついに1グラムで1万円を超えてきた。金はどの国、どの時代でも普遍的な価値のある物質です。インフレの時代に金価格が上昇しているのは、そのためです。

## 日本の自動車はＥＶに乗り遅れたが……

もう一つ私が面白いと思っているのは、自動車です。私は最近、本田技研の株式を買いました。

これから世界の自動車マーケットではＥＶ（電気自動車）が主流になっていく。ところが日本の自動車会社は、高性能のハイブリッドを開発していたためにＥＶの分野では完全に出遅れた。

ＥＶの分野ではテスラが世界を制覇しつつあります。しかし、日本の企業というのは、ひとたびＥＶ時代が来るとわかれば、全力を挙げて優秀な電気自動車をつくれる底力がある。

ただ、トヨタなどは世界で1000万台を売ってきたトップメーカーです。戦艦大和みたいな会社で、世界中で事情が異なる市場で車を売らなければならないので、なかなか簡単にEVだけを製造する専業メーカーにはなれません。ディーラーや下請けの部品メーカーなど、複雑なサプライチェーンのネットワークをつくってきているので、これを全部切るわけにはいかない。そんなことをすれば1000万人規模の失業者をつくることになってしまう。だから、EV専門の別のブランドを立ち上げたほうがいいくらいです。

それでも日本の自動車会社はEV時代を迎えて、テスラを上回るような素晴らしい電気自動車を将来、開発する可能性がある。

なにしろEVの基幹部品である電池については、パナソニックが高い技術力を持っています。もともとテスラのEVに電池を供給していたのはパナソニックです。モーターについては、ニデック（旧日本電産）が優れた車載用モーターを開発しています。

かつて日本は戦後、ＧＭやフォードなどアメリカのすごい自動車を見て、それを上回る車をつくってきた歴史があります。ところが、いまはＥＶに出遅れている。それで、日本の自動車会社の株は、いまは低空飛行になっています。

この低空飛行から上に上昇してきたときが大儲けになるわけですから、株式投資のチャンスです。

# 第4章

# 日本は世界のリーディング・カントリーになる

## 2050年に世界をリードする国はどこか？

いまから約10年前の2012年に、イギリスの経済誌『エコノミスト』が「2050年の世界」を予測しています。

この『エコノミスト』誌では、2050年の世界を3つのグループに分けて、それぞれの未来について大胆に予測していました。

一つは日米欧のAグループ。日米欧のようないわゆる平和を重んじる民主主義の国で、法治国家であり、自由主義の国です。

次は、Bグループの南欧の国々です。ギリシア、イタリア、スペインなど、いわゆるなれ合いの福祉国家です。南欧諸国の人は働くことよりも楽しみを優先します。仕事をせずに福祉ばかりを頼《たよ》りにして、ギリシアにしてもイタリアにしても財政は破綻しています。国民が怠け者だから、家の前のごみも片づけない。ギリシア、イタリアなんか、ごみだ

図7　「2050年の世界」における3つの国家グループ

| | |
|---|---|
| A | **平和を重んじる民主主義国家**<br>日本・アメリカ・欧州・韓国・インド etc. |
| B | **南ヨーロッパ諸国**<br>ギリシア・イタリア・スペイン etc. |
| C | **官僚資本主義国家**<br>ロシア・中国・イラン・北朝鮮 etc. |

らけらしい。総じて町が汚いと言われています。なので訪日観光客は日本の道路、空港など街並みがきれいで清潔なのに驚いています。南欧だけでなくて、欧州全体に福祉重視のそういう気風がある。だから、夏になればバカンスだと言って、1カ月も休んでしまう。日本人なら2日くらいしか休まない。

もう一つのCグループは、ロシア、中国などの官僚資本主義国家です。

かつて堺屋太一さんが言っていた官僚によって仕切られている資本主義の国です。官僚のトップがプーチンであり、習近平です。イランも北朝鮮もみんな同じ。独裁者が官僚を牛耳っていて、庶民にはなんの恩恵もない。

世界各国のこうした国家像の違う3つの流れの中で、2050年の覇者はだれか。『エコノミスト』はインドだろうと予測しています。インドが次の世界大国になると言っている人がいま多くなっています。人口も中国を抜いてきました。いずれ日本を超える高齢化社会になる中国とは違って、インドの平均年齢はかなり低くて若い国です。

しかし、私はインドがリーディング・カントリーになるとは全然思いません。インドは、そもそも国家の体《てい》をなしていない。

各州ごと別々で、言語も違う。一番問題なのは、古来からのカースト制度という差別構造がいまだに残っていて、一部の上層階級だけは極めて優秀ですが、下の階層の人たちは奴隷とはいいませんが、差別されていて就ける仕事が限られている。だから国民がインド人として一体になれない国です。

国際的に見てもインドは信用できる国でしょうか。いまでも、プーチンにもいい顔をして、バイデンにもいい顔をして、いいとこ取りをしている。良く言えば中立ですが、どちらにもいい顔をする国は信用できません。

Cグループに属する中国は、２０２０年代がピークです。

## 中国はいまが天井――これから下落する運命にある

習近平が２０２２年に開催された党大会で永久皇帝になり、２０２３年の全人代（全国人民代表大会）で承認されたあたりで、歴史のサイクルから見て、国家、国の勢いが天井をつけたのではないか。いまも天井近辺にありますが、どこかで大きな曲がり角をむかえるという状況です。株でいうと、いまは高値保ち合い状態です。そのうち、何かのきっかけで下に放れて、暴落する。

その前兆ともいうべき異変がたくさん起きています。一つは、もちろん不動産バブルの崩壊です。

中国不動産業界第2位の中国恒大集団（エバー・グランデ）が２０２２年12月期末時点で負債総額が約48兆円で総資産の約35兆５８００億円を大幅に上回り、約11兆５８００億円もの債務超過です。

日本の企業の上位10社のうちの利益を合計すると、ちょうど11兆円になる。日本のトップ10の会社が利益を上げた分だけ、債務超過だということです。

さらに業界第1位の最大手である碧桂園（カントリー・ガーデン）のドル建て社債のデフォルト問題が起きている。

碧桂園は、今年8月末に発表した1～6月期の決算で9800億円の赤字に転落したことを発表しています。碧桂園は決算資料で、「重要な不確実性」により、企業の存続に疑義が生じるとしています。碧桂園の去年の不動産販売額は国内最大ですから、債務不履行（＝デフォルト）となれば、恒大集団の経営危機より、影響は深刻だとみられています。普通の国ならとっくに破綻です。ところが中国ではすぐにはそうならない。

しかし、いよいよかなり巨額の負債が次々に表面化してきて、それが銀行システムを棄損するようになると、日本と同じようなバブル崩壊になってきます。

当面は鄧小平以来の改革開放で貯めた外貨準備が3兆ドル以上あるので、それで持ちこたえるでしょう。しかし、中国の人民元はドルを裏付けとする通貨なので、外貨準備をとりくずすと人民元が暴落してしまうことにもなりかねないので、それもむずかしい面がある。

中国は2010年にGDPで日本を抜いて世界第2の経済大国になっていますが、私はそれも「張り子の虎」だと思っています。

そもそも中国の統計数字は不正確です。何が本当の数字なのかはっきりしません。そのため、前首相だった李克強は、独自の指針をつくって参考にしていたという話は有名です。それは、①電力消費量、②鉄道輸送量、③銀行融資の3つの指標です。これらの数値は統計操作がしづらいために信頼度が高いからです。

しかし、いまや世界のマネーは中国から日本にむかっています。つまり「中国売りの日本買い」というのが新冷戦構造でのグローバルマネーの潮流です。

Cグループは、5年後か10年後かはさだかではありませんが、最後は破滅的な終焉を迎えることになるでしょう。

ロシアのプーチン政権も、ウクライナ戦争を始めたことが躓《つまず》きの原因となっていてロシア経済の破綻、中国もバブル崩壊とか、そういう破滅的な終わりが待っている。

## 日米欧の民主主義国家が勝ち残る

こういう世界の中でだれが勝者かといえば、今回も日米欧の民主主義、法治国家ということになります。

Aグループがずっと勝ち残ってきているのは民主主義が機能していて、法治国家として法律できちんと国民の権利が守られて、国家が秩序だって運営されているからです。

こうした国では人権が重要視され、質の高い教育が行われているので国民の教養レベルが高い。だから新しい人材がどんどん輩出してきて、革新的な技術を次々に生みだしてイノベーションを推進している。

それらが好循環となって、経済全体が発展してきている。なので、今後もこのAグループの国が勝ち残ると私は見ています。そしてこのAグループの中に日本は入っている。

では、Aグループはどうなるかというと、G5、米英独仏日が、Aグループの大国です。カナダとイタリアが自分たちも加入させてくれというので、いまはG5がG7に拡大されていますが、この2国には大した力はないので、実質はG5です。

この日米欧のグループの中でだれが勝ち残るのか。

## ヨーロッパは浮上できない

ヨーロッパの中ではドイツぐらいが残るかもしれませんが、その他の欧州各国の未来は危《あや》うい。ウクライナで戦争が始まってしまったからです。

ロシアとの戦争で原油の値段が上がっているから、インフレが全然止まらない。景気が悪いのに金利を上げないといけない。実際にヨーロッパの中央銀行であるECBは、最近もまた利上げをしました。利上げすれば景気はさらに悪化する。景気が悪いのにインフレですからスタグフレーションに陥っています。

ドイツも含めNATO（北大西洋条約機構）加盟国の前途は多難となるでしょう。

ヨーロッパの経済がなぜこれほど悪くなったかというと、ロシアからパイプラインを通して安定して低価格のエネルギーが長年供給されていたのが突然止まってしまったからです。天然ガスや石油はそんなに簡単に調達先を変えることはできません。

かといって、すぐには仲直りできないでしょう。ＮＡＴＯとロシアは敵対的な関係です。下手をしたらＮＡＴＯとロシアが戦争するかもしれない。ポーランドが戦場になる可能性もある。

ヨーロッパは売りです。ヨーロッパ経済は今後、長期の停滞に入る。

とくにこれから世界で一番の問題は、難民、移民だと私は思います。難民、移民が西欧の先進国へどんどん押し寄せている。イタリアもイギリスもドイツもフランスも、難民対応に悲鳴をあげています。

ヨーロッパは植民地としてアフリカを支配してきたので、旧植民地のアフリカ諸国から難民が殺到する。ウクライナ戦争で最大の輸出国だったロシアとウクライナの穀物がこうした貧乏な国に届きにくくなって、価格も上がってしまったのでぎりぎりの生活をしていた現地の人たちが食べられなくなっているからです。アフリカ諸国の社会不安は日増しに高まっています。
大量の難民が入ってくるので、住むところと食べ物を与えるだけでも、ものすごいコストがかかる。

アメリカは中南米から難民が押し寄せている。トランプ大統領の時代は、トランプが塀をつくって難民を米国内に入れないようにしていたけれど、バイデン大統領は共和党より人権に配慮する民主党なので、そうした厳しい国境管理はできていない。
いまや、ドナルド・トランプがやった強硬策のほうがアメリカの国民に支持されている。難民を全部引き受けていたらアメリカといえども国がつぶれてしまう。しかもその難民の中にテロリストが混じっているわけです。なのでトランプの人気はいまでも高いのです。

それでもやはり一番強いのはアメリカです。最先端の技術開発ができるのは、アメリカだけです。だからアメリカの支配、あるいはドルの基軸通貨体制は当分変わらないと思います。

しかし、いまアメリカはバイデン大統領が300兆円にのぼるというかつてないお金のばらまき政策をやっているので、2029年ごろにアメリカは史上最高の債務を抱えることになる。そのときに債務危機がやってくる可能性もある。

今年も政府予算が債務上限を超えていて、なんとか「つなぎ予算」を可決したのに、一部共和党の強硬派が反対して、同じ共和党のマッカーシー下院議長を解任するという前代未聞の事態になっている。そのため、政府がいつ閉鎖(ガバメント・シャットダウン)するか危ぶまれている。

もし政府機関が一部閉鎖されれば、トランプ前政権時代の2018年12月~2019年1月以来の事態です。

## 日本はバランスシートが世界でも健全な国

そうなると、バランスシート上、一番健全な国はどこかといえば、じつは日本なのです。

日本は財政赤字がGDPの2倍以上の赤字大国だと言われていますが、よく考えてください。日本はどこの国からもお金を借りているわけではないのです。

国債を買っているのは、ほぼ日本国民だけで、国民から借りているだけです。ギリシアやスペインなどの南欧諸国のように外国に国債を買ってもらっているわけではありません。

また、日本国民は世界一の大金持ちです。世界最大の金融資産を保有している。その額はなんと2000兆円です。2000兆円という金額は、世界中に出回っているドルの総額と同じなのです。

だから、日本国債がデフォルトするなどというのは財務省の脅しにすぎなくて、絶対起こるはずがないのです。

## 世界のマネーはアメリカと日本に殺到する

このように見ていくと、世界のマネーが行くところは日本とアメリカしかない。

アメリカはまだインフレが続いていますが、アメリカには投資チャンスがまだたくさんある。アメリカという国では技術革新が続いているからです。日本にないものです。日本にはアマゾンもテスラもグーグルも出ていない。アメリカの技術革新を買う流れは続く。

しかし、日本はとにかく30年続いたデフレのために、超割安です。しかも円安なのでさらに割安感が出ている。そのことにようやく世界の投資家も気づき始めた。日本の株も日本の不動産も買おうじゃないかということで、そういう日本買い、「バイ・ジャパン元年」というのが2023年です。

日本はとにかく値段が安いのにクオリティーがいい。海外から来た外国人がみんな口々に日本の商品は安いのにクオリティーがいいと言っている。海外は安ければクオリティーが悪いのが当たり前です。

東京オリンピックやワールド・ベースボール・クラシックなどスポーツ関連のイベント取材で海外から来た記者たちが、日本のコンビニの卵サンドを食べてみんなびっくりしている。安いのに本当においしいと、ものすごく驚いてSNSで話題が広がった。

もう一つは、日本では自動販売機がどこにでもあること。アメリカだったら自動販売機ごと盗まれてしまう。日々の生活の安全レベルが他国とはまったく違って、安心できる。外国の富裕層で日本に住みたいという人が、これからは増えるかもしれない。

英語が通じる町づくりとか、英語で診察してくれる病院とか、そういうインフラづくりをきちっとやれば、海外の富裕層がいっぱいやってきます。

## アメリカの強味はイノベーションにあり

一般メディアに登場する多くの経済アナリストは、アメリカの株式市場や経済に対しては、ＦＲＢの金利政策とインフレの話ばかりしている。しかし、そういうアプローチではアメリカ経済を見誤ります。

一番大事なことは、アメリカのイノベーション、技術革新が続いているかどうかなのです。天才的投資家として著名なキャシー・ウッド女史が言うように、資本主義はそれまでの通念を打ち破るような〝創造的破壊〟がないと行き詰まってしまう。だからイノベーションこそがアメリカの経済にとって死活的に重要です。

いまは生成ＡＩともいわれるチャットＧＰＴが急速に浸透し始めている。この技術もアメリカ発です。こうした新しい技術はアメリカからしか出ない。これがアメリカ経済の強みです。

ソニーや東芝が元気なときは、日本からもウォークマンやＣＤをはじめ、基本技術としてもフラッシュメモリなど画期的な技術が出て、世界中で売れた。ところが最近では日本からは何も出てこなくなった。

経済大国だと自慢している中国は、他国の技術のマネばかりで、他人の技術を盗むことしか考えてこなかった。だから中国からは新技術など出てくるはずがない。ヨーロッパもイノベーションを起こす力はなくなっている。だから、アメリカの株はいずれまた将来、新高値を更新すると予想します。

## 世界最高の技術力のあるアメリカと日本が組めば最強

大事なのは、アメリカはニューテクノロジーを生み出す力がいまもあるということですが、そのアメリカと組んでいる日本も強いということです。

その典型が半導体です。最新の半導体技術の開発を日米主軸でやろうという計画が始まっている。例えば日本で最新の半導体をつくる。

米中の新冷戦が始まって、最先端の半導体は、中国には絶対渡さないというのがアメリカの対中政策になった。半導体技術は、安全保障の問題に直接関わってくるからです。

そこで、これまで半導体の分野では周回遅れになっていた日本に、最先端の半導体工場をつくらせることになった。日本は新たにラピダスという半導体メーカーを立ち上げて、巨額の政府資金も入れて最先端の半導体の製造ができるようにしようと計画している。

今年の5月19日〜21日に開催された広島サミットのときに、岸田首相を囲んで、アメリカ、韓国、日本、台湾の4つの半導体のトップが広島に来ていた。そしてサミットが始まる前日に、日米韓に台湾を加えた半導体のトップが、これから日本を半導体製造の拠点にしようということを決めた。これから日本に多額の投資をして、最先端の半導体の工場をつくる計画です。それがこれから3年～4年で日本経済の拡大に大きな効果を与えることになるでしょう。

その会合の席には、じつはバイデン大統領もいたようです。バイデンは広島サミットに参加しないのではないかという噂もありましたが、広島に来てきちんと先端半導体に関する政策を推進している。バイデン大統領は80歳をすぎて認知症の疑いがあると言われて、歩き方も少しふらふらしていますが、じつは最先端技術についてはけっこう深くかかわっています。韓国を訪問したときも、最初に訪ねたのはサムスンの半導体工場でした。

## 日米韓が世界をリードする時代が来る

いまの新冷戦で勝ち残るのは、Aグループですが、その中でアメリカと組んでその中軸となるのは意外にも日韓ではないかと『エコノミスト』誌は予想しています。いままでは米英独仏の西側諸国が中心でした。それが、イギリスは残るかもしれないけれども、ドイツもフランスも入らないで、米英と組むのは日韓だというのです。

新冷戦時代は日米韓が世界をリードする国になる。中国の時代から日米韓の時代に転換していく。だから、これから新しい言語を学ぶのなら、中国語ではなくて韓国語を学んだほうがいいのではないかと私は思っている。実際韓国の尹新大統領のもと日韓関係は劇的に改善しています。

『エコノミスト』誌の予想も、アジアで一番伸びる国は韓国だとしています。韓国が日本を上回るとまで書いている。しかしこれは『エコノミスト』誌の過大評価で、絶対にそんなことにはならないでしょうが、韓国が伸びてきているのは確かです。

どちらにしても、韓国は有望という見通しがある。ところが、韓国の一番の問題、だめなのは反日主義です。

アジアでは日本と仲よくする国が伸びている。日本を学んだ国が伸びている。その代表がシンガポールです。シンガポールやマレーシアは「日本に学べ」「ルックイースト」を20年ぐらいやって発展し、シンガポールは一人当たりGDPで日本を追い抜いてしまいました。

韓国が反日を脱することができれば、私は韓国が伸びると思います。すでに韓国は一人当たりGDPで日本を抜くところまで来ています。

## 韓国は日本の技術を吸収して強国になった

韓国の強みは何かというと、北朝鮮という敵が常にいるということです。なので、韓国の男性には兵役が課せられている。つい最近までK-POPで歌っていた歌手が、兵役に行ってびしっとなる。

兵役があることと北の脅威が常にあることで、韓国の国民には常に緊張感がある。

韓国がすごいのは、日本のいいところを全部吸収していることです。というのはきれいな表現ですが、実態は日本の技術者が大勢行って指導してきたから韓国の技術力が世界に通用するくらいになれた。悪く言えば日本から技術を盗んだとも言える。

日本の技術を盗むには、ベテラン技術者を雇えばいいと韓国は考えた。その意味では韓国は頭がいい。合法的だし、すぐに技術を吸収できる。

パナソニックやソニーを引退した技術者を高給で雇って技術を習得した。サムスンが世界一の半導体メーカーになれたのも、実は日本人技術者のおかげです。

中国の成長も日本の技術と欧米のマネーを取りこんだからです。

逆に言うと、中国や韓国にそういう技術流出を簡単にやらせていた日本がばかだということです。

日本企業は技術力のある技術者をちゃんと待遇しなかった。定年制を理由に60歳で会社から追い出してしまった。能力も気力もある人を定年退職で追い出すのは、日本の経営者の多くがサラリーマン化して、有能な人材がいなくなっているからです。財界でも政界でも、海外では要職を有能な人が長年やっていますが。その弊害もありますが。

## 日韓同盟がアメリカを支えるようになったら世界最強

韓国の尹錫悦《ユン・ソンニョル》大統領が今年の3月16日に来日しました。

銀座の吉澤というすき焼き屋で日韓首脳ともに夫婦同伴での夕食会のあと、尹大統領の〝お気に入り〟だという洋食店で岸田首相と二人だけでオムライスを食べた。二度も食事を一緒にするなんて、これまでの日韓関係ではありえない。このこと自体が、今後の日韓の未来を象徴している。

尹大統領が親日なのかどうかはわかりませんが、政策的に日本を大事にしている。しかし、政策的だとしても、日本を大事にできるということは大したものです。なぜなら韓国の国内がものすごい反日だからです。日本を少しほめただけで支持率が急落するのが韓国の国民性です。前政権の野党「共に民主党」の李在明《イ・ジェミョン》代表以下反日のかたまりです。

もちろん韓国は大統領の任期は1期5年だけですから、あと4年という期間限定ですが。

その4年間の任期中は、日韓関係は相当よくなる。
日本は、韓国が望んでいた為替のスワップも再開させたし、半導体の材料となる「フッ化水素」「フッ化ポリイミド」「レジスト」の3品目についてはホワイト国（貿易上の優遇国）からはずしていたものを解除し、韓国をホワイト国（いまはグループA）に戻した。
2018年12月に起きた火器管制レーダー照射事件は未解決ですが、日韓関係における障害はほとんどなくなっています。

ここでもし「日韓同盟」などということができたら、これはもうアジアを支配するだけでなくて、世界のリーディング・カントリーになる可能性を秘めている。日米同盟と日韓同盟の2つでアジアと世界を支配する。そういう大きな流れに、いま歴史のトレンドは向かっていると私は見ています。

この3年が大事です。2023年～2025年までの3年間は日本経済がゴールデン・サイクルに入っている。だから、日本の景気がいいトレンドのときに日韓関係がすごくよくなる。日韓どちらの株も上がる可能性がある。ただ、韓国の株は簡単には買えないのが難点ですが。

## 岸田首相の支持率は低迷だが、株式市場での支持率は上昇

岸田首相は、この9月中旬に内閣改造をやって、支持率を上げるはずが、目玉は女性閣僚を5人に増やした程度で、基本は派閥均衡人事でしかなかった。来年の自民党総裁選で対抗馬になりそうな有力者をすべて閣内に入れて囲い込んだ。

自らの総裁再選にはいいかもしれませんが、国家として何を目的にするのかという政治意志がまったく感じられない人事でした。国民はばかではありませんから、ちゃんとわかっています。だから内閣改造で支持率を上げるどころかむしろ下がりぎみです。

岸田首相の支持率は広島サミットのときがピークでした。あの直後に解散しておけば次期自民党総裁選も睨んで、いい結果が出せたはずでしたが、時期尚早《しょうそう》と判断したのでしょうか。

そして、直近ではマイナンバーと健康保険証の一体化で問題が噴出して支持率を急落さ

せてしまった。

河野デジタル大臣が、マイナンバーの普及と利便性の強化のためにデジタル化を進めようという方向で強行したのが、裏目に出ました。国民はものすごくネガティブです。

2024年秋に健康保険証は撤廃する予定ですが、健康保険証というのは日本独特の制度です。アメリカも国民皆保険の制度はない。オバマ大統領の時代にオバマケアという保険制度ができたけれど日本のような手厚い保険制度とはまったく違う。

これは日本という国家がつくった、ものすごく優れた制度です。健康保険証を持っていることが、日本国民としての一つのアイデンティティーになっている。だから、事務の効率化だけの問題ではないのです。


いまのZ世代とかが中核になったら、健康保険証はいらないかもしれません。でも、昭和世代以降がまだたくさん残っているから、この世代の人々にはものすごく抵抗がある。いま健康保険証撤廃で選挙したら、与党は負けるでしょう。だって、共同通信のアンケート結果を見ると78%が反対ですから。

また、防衛費を増大させて国際標準のGDP比2％以上にするというのは、いまの台湾海峡の緊張状況を見ればきわめて的確な判断でした。しかし、そのために増税を匂わせる発言をしてしまったのは失敗です。

防衛費は国家が存続するために必要なインフラそのものと言ってもいいものです。疲弊している日本の防衛産業を継続的に維持・発展させるためにも防衛費増額は寄与できるので、単なるバラまきとは違います。ここは防衛国債を出して、財政政策の一環として扱うのが筋です。

以上のように、健康保険証の撤廃や防衛予算のための増税論などで前述のように支持率の低迷が続いていますが、一方で今年9月のニューヨーク国連総会出席の折に欧米の金融機関や投資ファンドのトップを集めて「日本に投資を！」と呼びかけて、投資、資産特区の創設などの発言で株式市場での支持率は上がり始めている。

## 動乱の時代には必ず英雄が出てくる

岸田首相には、安倍晋三元首相のようなカリスマ性がないのが、弱点ですが、一方でそつなく重要課題をこなしていると言えます。またいまのところ政界には、岸田首相の代わりになる人材がいない。それが支持率が低空飛行でも岸田首相が政権を維持できている理由でもあります。

ポスト岸田として最右翼にいるのは、やはり茂木敏充幹事長でしょう。茂木さんは優秀だし、タフネゴシエーターとしてアメリカからも評価は高いですが、私は首相の器ではないと思います。政界、永田町の評判が、もうひとつ良くないからです。

私が期待しているのは、ちょっと時間はかかるかもしれませんが、萩生田光一さんです。最近、長島昭久代議士のセミナーに参加したら、メインのゲストが萩生田さんでした。長島さんは萩生田さんと当選同期らしい。その会場で長島さんから萩生田さんを紹介された。そのとき、だめもとで私の勉強会に一度出てくれませんかと頼んだら、すぐに快諾してくれました。

萩生田さんはいま自民党の政調会長ですから忙しいはずですが、気軽に了承してくれて、実際に、私の勉強会に来てくれた。その態度を見て、「この人は腹がある」と思いました。萩生田さんはスモール田中角栄みたいな感じで、腹がすわっている。政治家は政策も大事ですが、やはり自分の理想をやり遂げる覚悟がなければいけない。どっしりと構えて、自分の政治信条のためなら命をかけても惜しくないという気構えが必要です。その意味で彼は首相の器だと思います。

そのほか、世耕弘成という政治家も有力首相候補です。政策に明るいうえに、カリスマ性がある。さらに岸田派ナンバー2の林芳正前外務大臣もぜひ将来首相になってほしい人物です。国際派でバイリンガル、金融経済にも精通していて信頼できる政治家です。西村康稔現経済産業大臣も将来日本の政界を担うお一人でしょう。首相候補ではないが、甘利明先生もアベノミクスの後継者で政界トップの政策通です。岸田首相が以上のような人材に今後どうバトンタッチをしてゆくかに日本の未来がかかっています。

しかし日本は誰がトップになろうが、政界も財界もチームワークが重要視されます。だから上に立つ人はいかに有能な人材を差配《さはい》するかです。

だから、日本は大企業の社長が平凡な人でもつぶれません。なぜかというと、日本は中間管理職とかにしっかりした人がいるから。そこが日本の強みです。逆にリーダーシップがないので、日本は今回、情報通信革命に遅れたということもあるかもしれません。

ソフトバンクの孫正義とかニトリの似鳥昭雄社長とか、リーダーシップを強く持っている会社は業績が伸びている。現場がしっかりしている上に、リーダーがはっきりとした方針を打ち出すからです。

これからの日本に一番欠けているのは、戦前は日本にエリートがいましたが、戦後は日本にエリートが少ないということです。企業にも政治にもエリートを出さないといけない。そのエリート教育は1年や2年ではできないから、エリートの素質を持っている人材を抜擢しなければいけない。

日本は動乱の時代にはエリートが出てくる可能性があります。歴史工学の権威、馬野《うまの》周二《しゅうじ》先生がその著書で述べられていますが、日本というのは、国際情勢でも内外の政治経済でも、追い詰められたら英雄やエリートが出てくるという。

彼の表現では危機や国難のときに、「血沸き上がる」と言って、日本は地方からでも坂本龍馬みたいなのが出てくるというわけです。かつての田中角栄もその一人でしょう。

日本にいまほしいのは、政治家よりもイーロン・マスクみたいな人です。いわゆる天才的起業家。日本はそういう尖った才能を出る杭をすぐに打ってつぶしてしまう。戦後の日本の横並び教育の弊害《へいがい》です。ゆとり教育といって子供を甘やかしてしまった。

日本は戦後間もないときには傑出《けっしゅつ》した起業家が大勢いました。たとえばソニーの盛田昭夫とか本田技研の本田宗一郎とか、パナソニック（旧松下電器）の松下幸之助さんとか天才的な経営者やエリートがいっぱいいた。

でもまだ日本にはうもれた英雄がいるはずです。乱世になればきっとそうしたエリートが出てくると私は期待しています。

# 第5章

# 日本株大復活相場で大化けする株

## すでに予測していたとおり超円安のトレンドが始まった

何度も述べているように、いま日本は超円安のトレンドに入っています。1ドル150円をめぐって財務省が為替介入をするのではと噂していて、ここが当面の攻防線になっていて、市場は神経質な動きになっている。

経済アナリストの人たちは、植田日銀総裁が読売新聞のインタビューに答えて、金利を上げるとはいわないまでも、今後の金融政策は緊縮の方向で考えているという趣旨の発言をしたのに、なぜか円高にならずに円安になっているといって、不思議がっていました。しかしこれは、日本国内の金利だけを見て学校で学んだ理論で考えているからです。

為替というのはグローバルマーケットだから、日米の金利差で価格が変動している。日本の金利が多少上がっても、アメリカの金利はさらに上がっていて、金利差は同じか、それ以上に広がっている。アメリカの金利が上がっているのだから、日本の金利が少々、上がっても円安になるわけです。だから、いまの為替はもっと円安になる可能性がある。

## 日本メディアの悲観論は有害無益

いま日本のメディアは、日本の円安を否定的に報道しています。なんでも悲観的にとらえる日本の論調は本当におかしい。

円安になって、海運、鉄鋼、商社、自動車など製造業全般の業績が劇的に良くなっているではないですか。だから株価も上がっている。

にもかかわらず、円安を批判するやからがいる。一部の経済学者やアナリストは、学校で習った経済理論だけで経済を考えている。だから、去年も一時150円を超える円安になったら、日本の通貨が安くなってなぜ喜ぶのかと言って、「悪い円安」だという声が高まった。

この間も日本経済新聞の某編集委員が、「悪い円安の名付け親」だと言って大きな顔をしてテレビに出ていました。本来なら恥ずかしくてテレビになど出られないはずなのにで

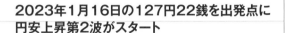

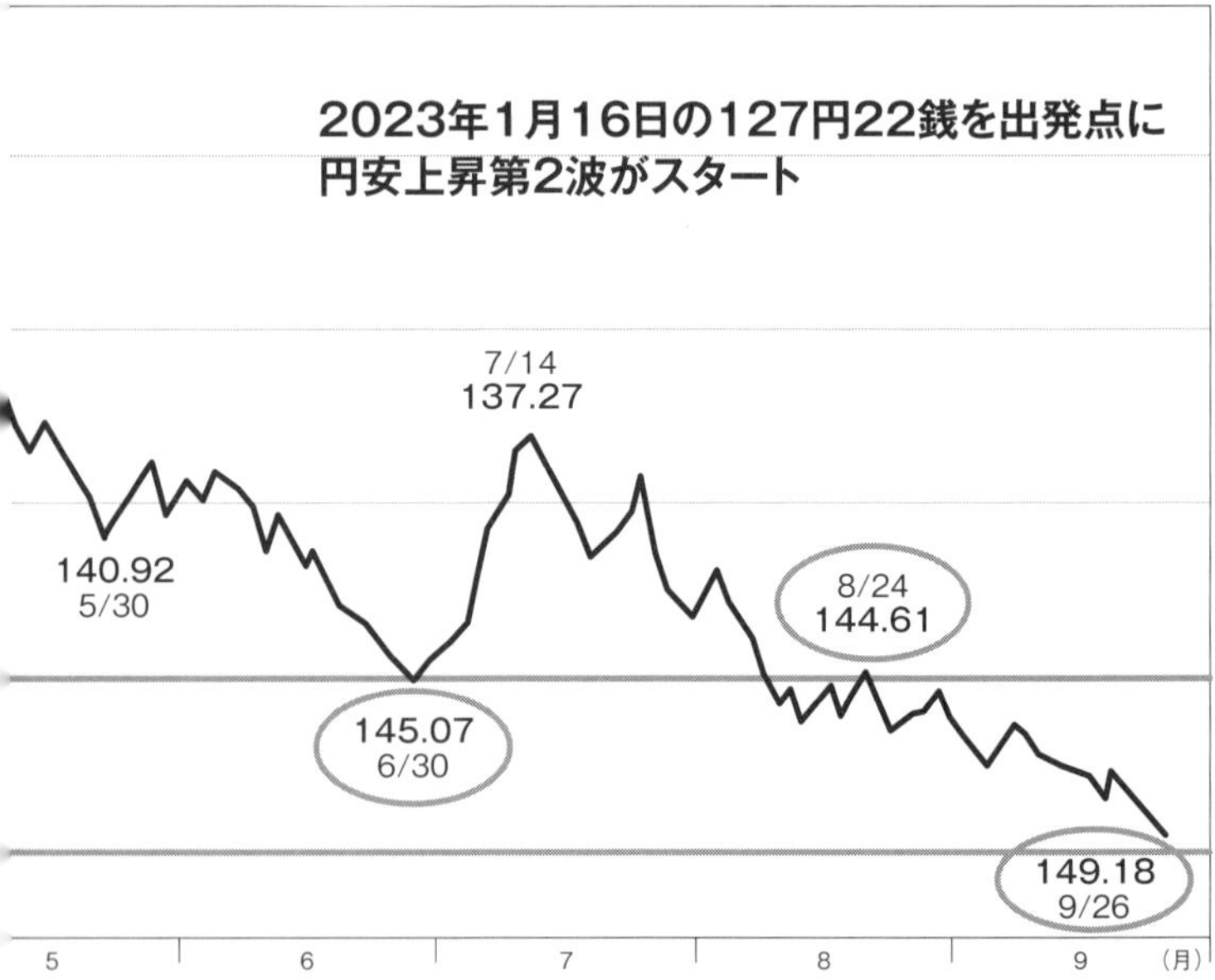
2023年1月16日の127円22銭を出発点に
円安上昇第2波がスタート
7/14
137.27
140.92
5/30
8/24
144.61
145.07
6/30
149.18
9/26
5
6
7
8
9
(月)

す。悪い円安どころか良い円安なのは、今の日本経済の好調ぶりや株価上昇を見ても明らかです。

日本はいままでずっと円高で苦しんできたのです。10年前にアベノミクスが始まる前の民主党政権の時代は、75円台の超円高の到来で日本経済は潰れかかっていました。それを安倍首相がアベノミクスで、日銀の黒田総裁が異次元の緩和をしたことで、一気に円安にふれて、日本経済がデ

## 図8　ドル・円相場（日足）

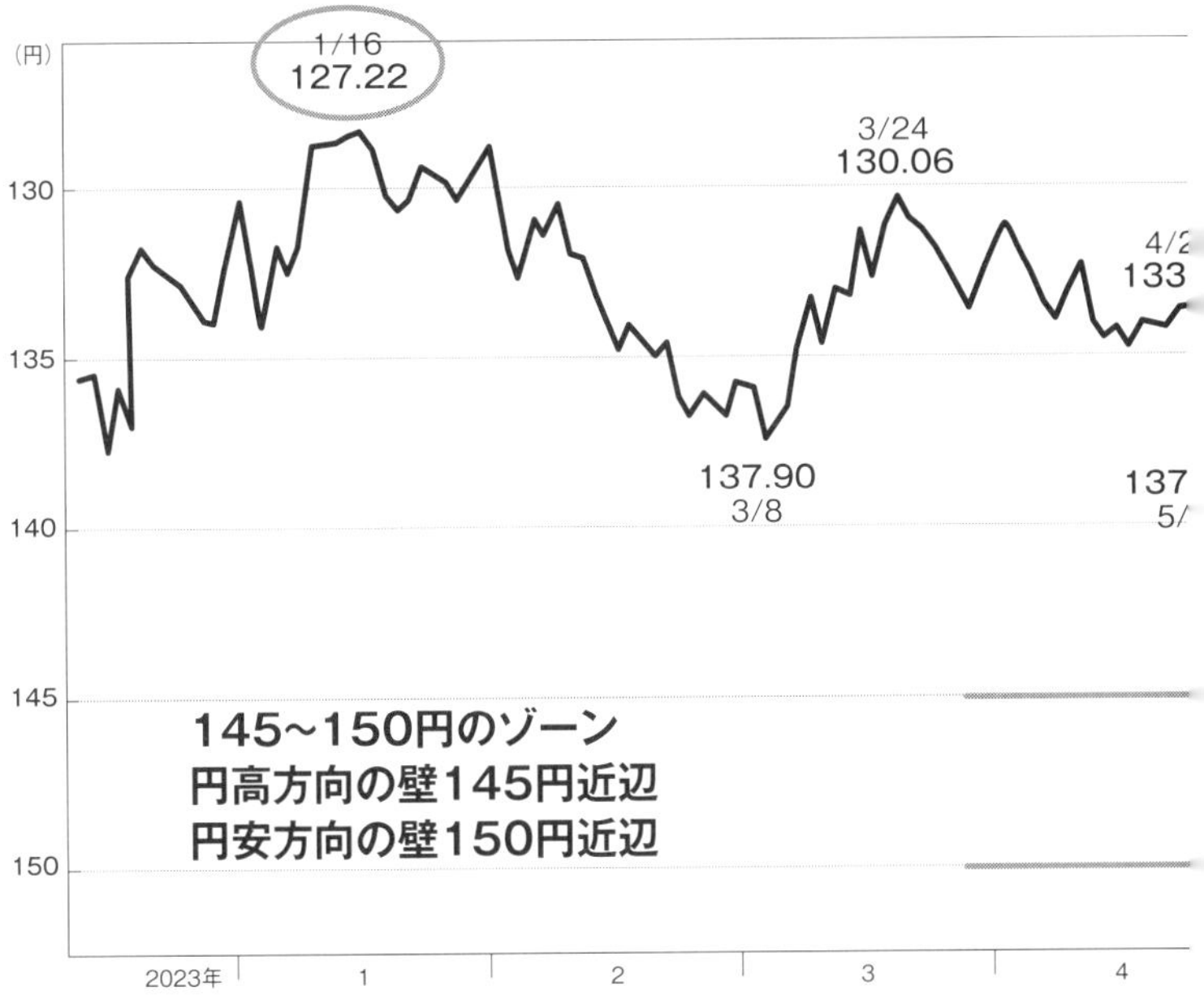
（円）
1/16
127.22
3/24
130.06
4/2
133
137.90
3/8
137
5/
130
135
140
145
150
145~150円のゾーン
円高方向の壁145円近辺
円安方向の壁150円近辺
2023年
1
2
3
4

フレからの脱却を目指す方向に動き始めたのです。

あのとき民主党政権が続いていて、アベノミクスがなかったらどうなっていたかと思うと寒気がします。

じつは、昨年からの円安は日本経済にとって神風になっている。円安になって、日本経済はものすごくよくなっています。とりわけ輸出産業、製造業は業績が抜群にいい。

だから、海運も高い配当をしている。普通の会社なら配当に10円も出さないのに、株価が上がったうえに100円とか200円とかの配当を出している。

円安でガソリン価格などが上がっているのは問題ですが、それは政府が補助金を早く出せばいいというミクロの問題にすぎない。一般国民が少々困ってもマクロ的には関係ない。政府は日本経済全体がよくなることを考えないといけません。円安で物価が上がって、日本経済で30年以上続いたデフレが終わろうとしていることが一番大事なのです。

いま株高がなぜ始まって上がっているのか。その答えをひとことで言えば脱デフレです。いまは脱デフレから、資産インフレへ向かっている。適度なインフレである2%物価目標に向かっているから株価が上がり始めている。

この脱デフレのきっかけになったのが、30年ぶりの円安です。だからいい円安に決まっている。これで海運から自動車、鉄から全部、業績がめちゃくちゃよくなって、それで株が全部上がっている。

ここは投資家にとってのビッグチャンスなのです。

## PBR1倍割れの会社の株を買え！

今後は日本の株価の底上げ相場が続く。なんの底上げかといえば、30年間続いたデフレの時代にまったくふるわなかった製造業とか銀行とか不動産とか、日本の大半の企業がインフレ、脱デフレで業績が良くなってきて、株価も業績もいま立ち上がろうとしています。

その一つのきっかけになったのは、東京証券取引所（東証）の清田《きよ》瞭《たあきら》CEOが言ったPBR1倍割れの企業は問題外という発言でした。PBR1倍割れの経営者は無能だと言い始めたから、大企業の経営者は全員、PBR1倍以上を意識し始めています。各企業のIR担当者は、経営者から「なんでわが社はPBR1倍割れなんだ」と、怒られている。

だから、いまの株式投資の狙い目は簡単です。経済学の知識なんかいりません。この本を読んだ人は、みんなお金持ちになるチャンスがあります。

そのお金持ちになるチャンスは何か、どんな株を買ったらいいのか。

第1に、PBR1倍割れの会社を買うこと。0・7とか0・8の企業は1倍以上にしようと努力するからです。

第2は、業績が良かったらPBRを1倍以上にするために必ず増配するので、海運みたいに30年ぶりの高配当で、配当利回りは去年、十何パーセントにもなっている。それにプラス、自社株買いをやります。これなら株価は上がるに決まっています。

だからPBR1倍割れの会社を探しなさい。それで、配当を増やすような企業、あるいはすでに高配当。配当予想は発表していますから。それから自社株買いを宣言している企業もいっぱいある。商社の双日なども自社株買いを何千億もやっている。これだけでも簡単に銘柄は見つかる。

そして、第3は、自分なりの投資テーマを考える。これをいつも私は「投資のストライクゾーン」と言っています。あなたのストライクゾーン。あれやこれや買ってはだめです。証券会社に言われて、わけのわからない会社の株を買うのはだめ。自分なりによくわかる、投資のストライクゾーンを持つことです。あなたが食品会社に勤めているのなら、食品株を買えばいい。

キーワードはこの3つです。こういうのをベースに、初心者でも上級者でも30年ぶりに株式投資で資産を増やせる時代がやってきています。

## いまはバリュー株を推奨——グロース株はしばらくお休み

今回の推奨株は、バリュー株がメーンです。いまはまだ、グロース株は薦められません。私は2020年のコロナ相場以来、ずっとグロース株投資で、ハイテク、成長株に投資してきましたが、今年はバリュー株に転換です。

なぜかというと、脱デフレが始まったのが今年からだからです。2023年の4月から多くの企業が賃上げして、いまは賃上げインフレが始まっています。

賃上げインフレで、経済が好循環になって、いよいよ日本経済は脱デフレの段階に入った。そうなると、このデフレの30年間眠っていた企業がみんな起き上がってきている。

私も年初からハイテク株を売ってバリュー株に乗り換えてきました。私がやっていることは、ほかの個人投資家も全部やっています。だから、ハイテク株はみんな下がった。ハイテク株はよほど業績がよくて、画期的な技術を持っているところ以外はむずかしくなった。

ところが、バリュー株は何も考える必要がない。黙っていれば利益が出て、しかも配当がいい。ラグビーでいったら、スクラムトライみたいなもの。ボールを持って前へ進むだけです。

日経平均が4万円をつけるのは、PBR1倍以下の株が全部1倍以上になるときです。その間は、ハイテクのグロース株はお休みです。

たとえば、双日も私が買ったときはPBRが0・7倍でした。それが直近では1倍になった。ということは、バリュー株も来年の年央ぐらいまでに割安ではなくなる。そうすると、買うものがなくなってくるので、売られているハイテク株を買うということになる。

だから、来年のいまごろは、「いよいよハイテク時代」ということになるでしょう。

## 推奨株のテーマは3つ

今回の推奨株は、テーマを3つに分けて30銘柄のリストをつくりました。

第1のセクターは高配当、好業績の銘柄を集めました。ただ株を買って黙って持っていれば儲かる銘柄です。1番から10番までの配当利回りはほとんどが4％以上です。

いま日本の株は、全体にものすごく上がっていますが、そのなかでもこの第1セクターは、株価が上がったのに4％近い配当を出している。しかも業績がいい。バリュー株の優等生です。

住友商事も非常に配当が高くて業績がいい。日本郵船を第1セクターに入れていないのは、株価が上がって3・1％ぐらいと配当利回りが落ちているからです。商船三井と川崎汽船はまだ4％近いです。

2番目のセクターは、第1セクターほど高配当ではないけれども、2ないし3％のそこそこいい配当を出していて、おまけに業績見通しもいい、各業界のトップクラスです。

東洋製罐は一般にはあまり知られていませんが、自販機に入っているような缶をつくっている大企業です。アルミの板にコカ・コーラの印刷をしてアルミ缶をつくっている。いまはチューハイなども缶になっていて、すごい大増産になっている。ここはものすごく儲かっていて、しかも利回りは3・5％ぐらいある。

ホンダは二輪車トップ、四輪車でも大手で、最近は世界最速の小型ジェット機の開発に成功しています。8人乗りで世界最速のプライベートジェットです。1機が6億円くらいする高級ジェット機です。

最後の3番目のセクターが、まず第一にあまり多くの人に知られていないような会社。それで、業績がいいのに株価が底値圏にあったり、それほど上がっていなかったりする銘柄を並べました。いわゆる穴株（ダークホース）です。

「まだあるバーゲンセール掘り出し株」というタイトルをつけました。

三菱自動車は、業績が悪くてガタガタ。「三菱」という名前のおかげで、つぶれていないだけです。

ところが、三菱は世界初の小型電気自動車、「i－MiEV」を開発しています。

いまは三菱と日産が共同開発したEVの軽自動車の「サクラ」を日産ブランドで出して、売れている。

三菱独自の性能の小型EVをアジアで販売する予定です。まず来年はインドネシアで販売します。日本独自の技術の小型EV自動車となれば、アジアでは大型より小型が売れるに決まっています。

マツダはやはりロータリーエンジンの再開発。バッテリーを充電するためのエンジンとしてロータリーを使う。それをさらに進化させた車を発売するらしい。

この第3のセクターには食品関連の会社を入れてみました。

明治ホールディングスは明治乳業などを全部集めたホールディングカンパニー。

くら寿司は回転寿司。くら寿司は家族で子供を連れていっても、食べやすくなっていて人気がある。アメリカにもくら寿司USAが進出していて、アメリカでも、予約しないと入れないくらい人気だそうです。アメリカでは人手不足なので、給料を少々上げても職人が来ない。ところが、くら寿司はロボットだから、すごく評価されています。これはいずれ上がると思います。

今回の日本株底上げ相場は、わかりやすい相場です。

バリュー株で業績がよくて出遅れているものを買えばいい。さらに配当がいい株は、ずっと持っていればいいだけです。いずれ日経平均株価は4万円を目指すからです。

## 日本株大復活の30銘柄推奨リスト

### ①高配当・好業績で、だまっていても儲かる株

| | 企業名 | コード | 市場 | 利回り | PBR |
|---|---|---|---|---|---|
| 1 | 東洋精糖 | 2107 | 東ス | 5.07 | 1.1 |
| 2 | 双日 | 2768 | 東プ | 3.97 | 0.9 |
| 3 | LA ホールディングス | 2986 | 東グ | 4.58 | 2.4 |
| 4 | 日本製鉄 | 5401 | 東プ | 4.42 | 0.7 |
| 5 | 神戸製鋼所 | 5406 | 東プ | 4.80 | 0.8 |
| 6 | イーグル工業 | 6486 | 東プ | 4.18 | 0.8 |
| 7 | 住友商事 | 8053 | 東プ | 4.05 | 1.0 |
| 8 | SBI ホールディングス | 8473 | 東プ | 4.68 | 0.9 |
| 9 | 商船三井 | 9104 | 東プ | 4.23 | 0.8 |
| 10 | 川崎汽船 | 9107 | 東プ | 3.45 | 0.9 |

### ②配当と値上がりの両ねらいのハイブランド企業

| | 企業名 | コード | 市場 | 利回り | PBR |
|---|---|---|---|---|---|
| 1 | INPEX | 1605 | 東プ | 3.56 | 0.7 |
| 2 | フジ日本精糖 | 2114 | 東ス | 3.12 | 1.2 |
| 3 | 王子ホールディングス | 3861 | 東プ | 2.56 | 0.7 |
| 4 | ENEOS ホールディングス | 5020 | 東プ | 4.01 | 0.6 |
| 5 | ブリヂストン | 5108 | 東プ | 3.38 | 1.4 |
| 6 | 日本特殊陶業 | 5334 | 東プ | 3.97 | 1.2 |
| 7 | 東洋製罐グループホールディングス | 5901 | 東プ | 3.53 | 0.7 |
| 8 | トヨタ自動車 | 7203 | 東プ | 2.29 | 1.3 |
| 9 | ホンダ | 7267 | 東プ | 3.01 | 0.2 |
| 10 | 日本郵船 | 9101 | 東プ | 3.15 | 0.8 |

### ③まだあるバーゲンセール掘り出し株

| | 企業名 | コード | 市場 |
|---|---|---|---|
| 1 | ニッスイ | 1332 | 東プ |
| 2 | 明治ホールディングス | 2269 | 東プ |
| 3 | 伊藤園 | 2593 | 東プ |
| 4 | くら寿司 | 2695 | 東プ |
| 5 | アンビション DX ホールディングス | 3300 | 東グ |
| 6 | ソースネクスト | 4344 | 東プ |
| 7 | ベクトル | 6058 | 東プ |
| 8 | 三菱自動車 | 7211 | 東プ |
| 9 | マツダ | 7261 | 東プ |
| 10 | AZ-COM 丸和ホールディングス | 9090 | 東プ |

2107

# 東洋精糖



食料品

ポイント

①5%以上の高配当株　丸紅が大株主

②食品、消費関連のダークホース（穴株）で業績好調

2023年10月10日現在

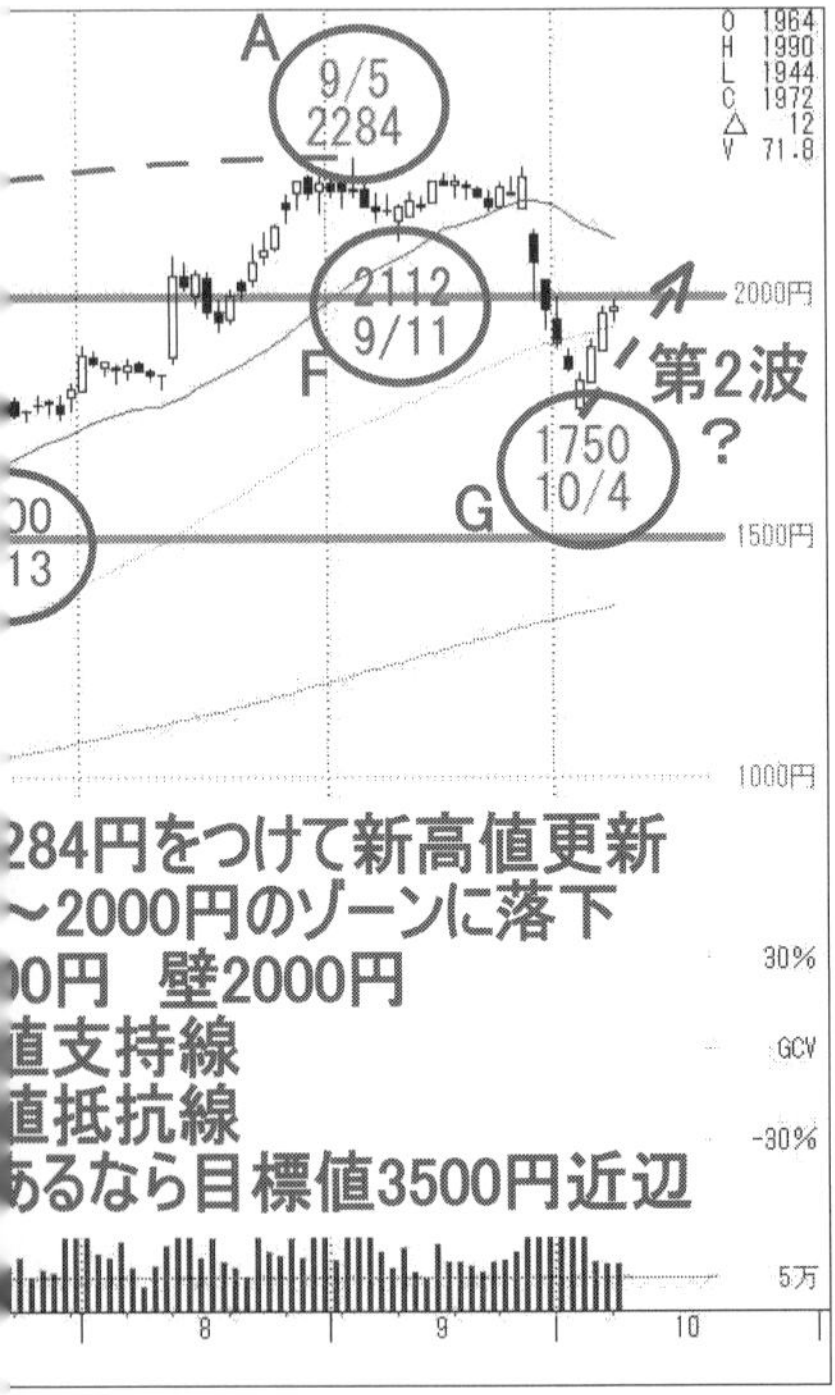

A
9/5
2284
2112
9/11
F
第2波
？
1750
10/4
G
2000円
1500円
1000円
284円をつけて新高値更新
～2000円のゾーンに落下
00円　壁2000円
値支持線
値抵抗線
あるなら目標値3500円近辺
30%
GCV
-30%
5万
8
9
10


「みつ花印」ブランドで有名な砂糖メーカー。創業は1949年で、古くからの東京証券取引所1部上場会社。

もともと丸紅の系列だが、三菱商事系列の塩水港精糖および双日系列のフジ日本

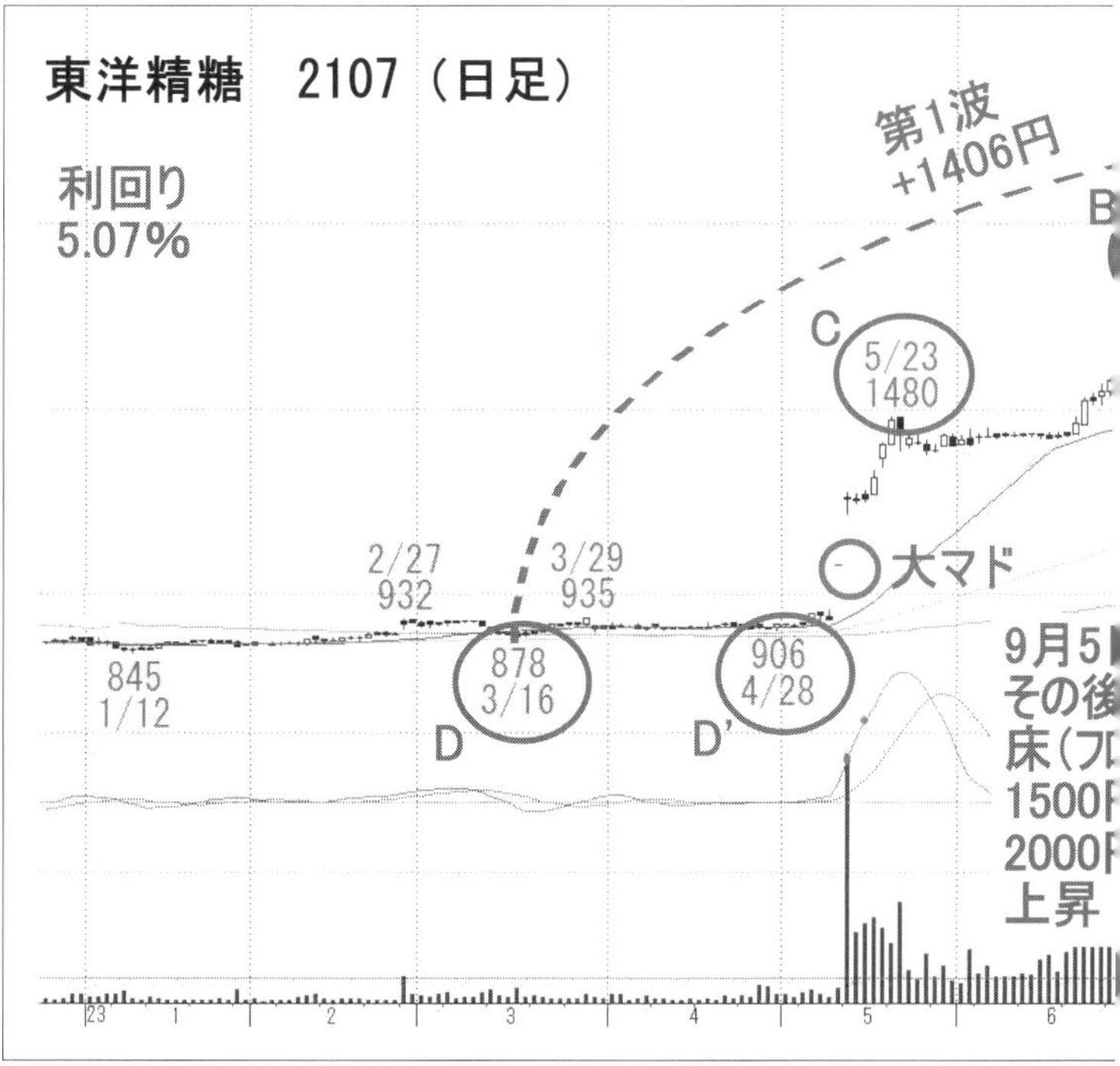
東洋精糖　2107（日足）
利回り
5.07%
第1波
+1406円
B
C
5/23
1480
大マド
2/27
932
3/29
935
845
1/12
878
3/16
906
4/28
D
D'
23
1
2
3
4
5
6

精糖と、系列を超え共同で太平洋製糖を設立し製造業務の委託をおこなっている。

健康食品・飲料や化粧品原料などにも幅広く利用されるルチン、ヘスペリジン等の機能素材の製造・販売にも取り組む。

売上構成は砂糖事業が9割、機能素材事業が約1割。この9月5日に新高値2284円をつけた。上昇第2波の目標は3500円辺りか。

# 2768

# 双日

東証 PRM

卸売業

ポイント

①人気の商社株で高配当、PBR1倍割れの注目株

②防衛関連株としての妙味あり

2023年10月10日現在

8/1
3438
C
9/19
3522
O 3223
H 3299
L 3219
C 3272
△240.0
V3533.4
3400円
3200円
3000円
2800円
2600円
マド
第2波
?
2977.5
8/18
E
2928.5
10/4
F
10%
GCV
-10%
直抵抗線を突破
00円近辺
100万
8
9
10

双日は7大総合商社の一つに数えられる日本を代表する総合商社。自動車から飛行機、産業用機械、金属・エネルギーなど、事業の幅が広いだけに、双日エアロスペースや双日プラネットなど多くの子会社が存

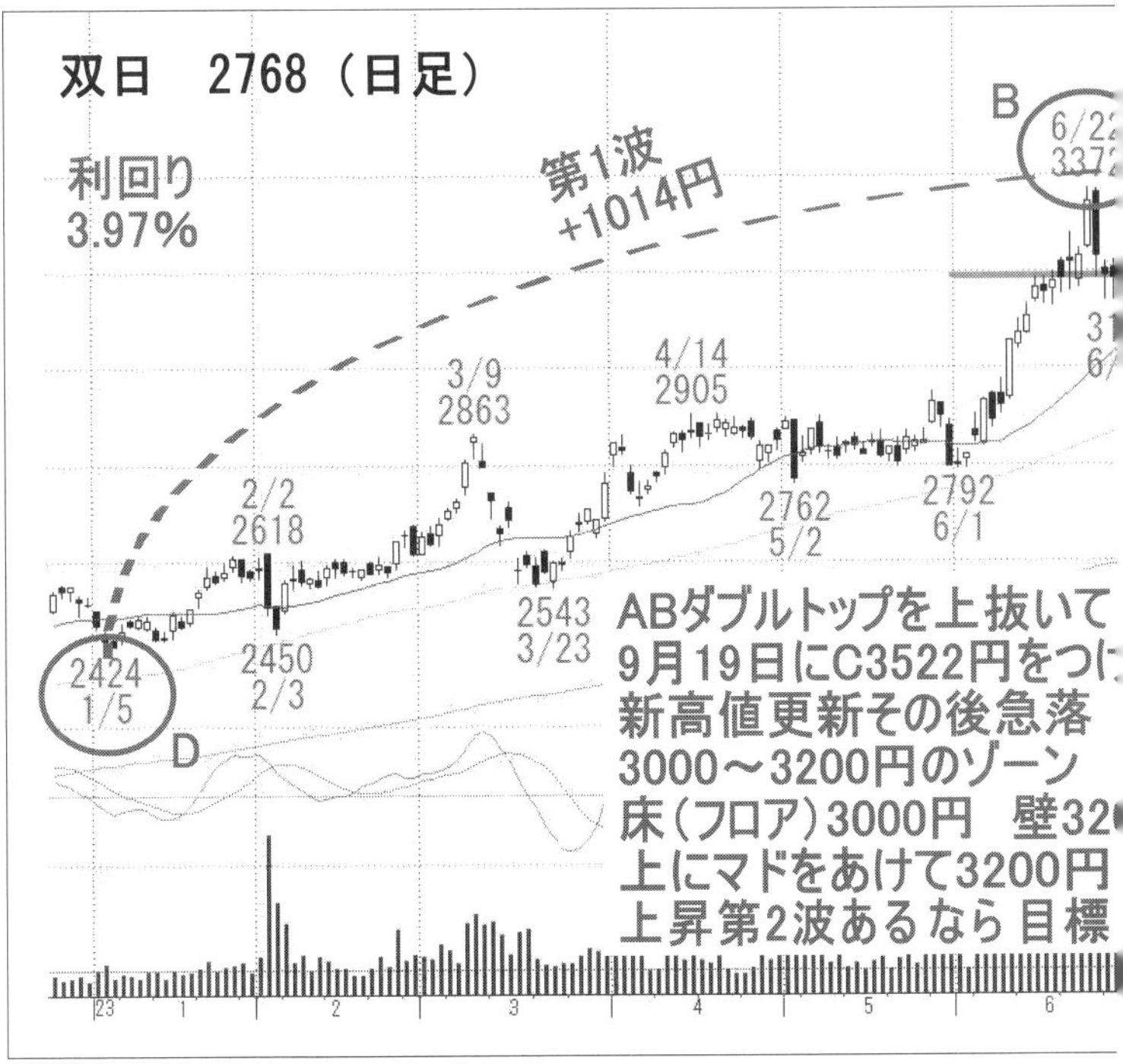
双日　2768（日足）
利回り
3.97%
第1波
+1014円
B
6/22
3372
A
2424
1/5
D
2/2
2618
2450
2/3
3/9
2863
2543
3/23
4/14
2905
2762
5/2
2792
6/1
ABダブルトップを上抜いて
9月19日にC3522円をつけ
新高値更新その後急落
3000〜3200円のゾーン
床（フロア）3000円　壁3200
上にマドをあけて3200円
上昇第2波あるなら目標
23
1
2
3
4
5
6

在する。

双日グループは、ニチメン株式会社と日商岩井株式会社の両社が、２００４年４月に合併して誕生した。両社は、開国から明治・大正期の産業革命、戦後復興、高度成長といった近代日本の発展の過程で大きな役割を果たしてきた日本綿花、岩井商店・鈴木商店を源流とする。

９月19日に新高値。上昇第２波の目標は４０００円近辺。

# 2986

# LAホールディングス

東証 GRT

不動産業

ポイント

①インフレ関連の成長株、大幅増収増益
②富裕層向け中古再生ビジネスが好調

2023年10月10日現在

O 4595
H 4625
L 4530
C 4585
△ 85
V 57.2
A
8/10
5260
B
9/22
5070
5000円
4500円
4565
9/12
第2波
C
4310
10/4
?
4000円
C'
3500円
3ダブルトップか上昇第2波か
→A3分の1押し近辺の
565円に上値抵抗線4000
4500円のゾーン
(フロア)4000円　壁4500
4000円に下値支持線
昇第2波あるなら
標値6600円近辺
3000円
10%
GCV
-10%
5万
8
9
10


新築不動産販売はもちろん、再生不動産であるリノベーションマンションの販売や商業施設の賃貸事業を展開する不動産企業グループ。

「ラ・アトレ」「ラ・アトレレジデンシャル」「LA

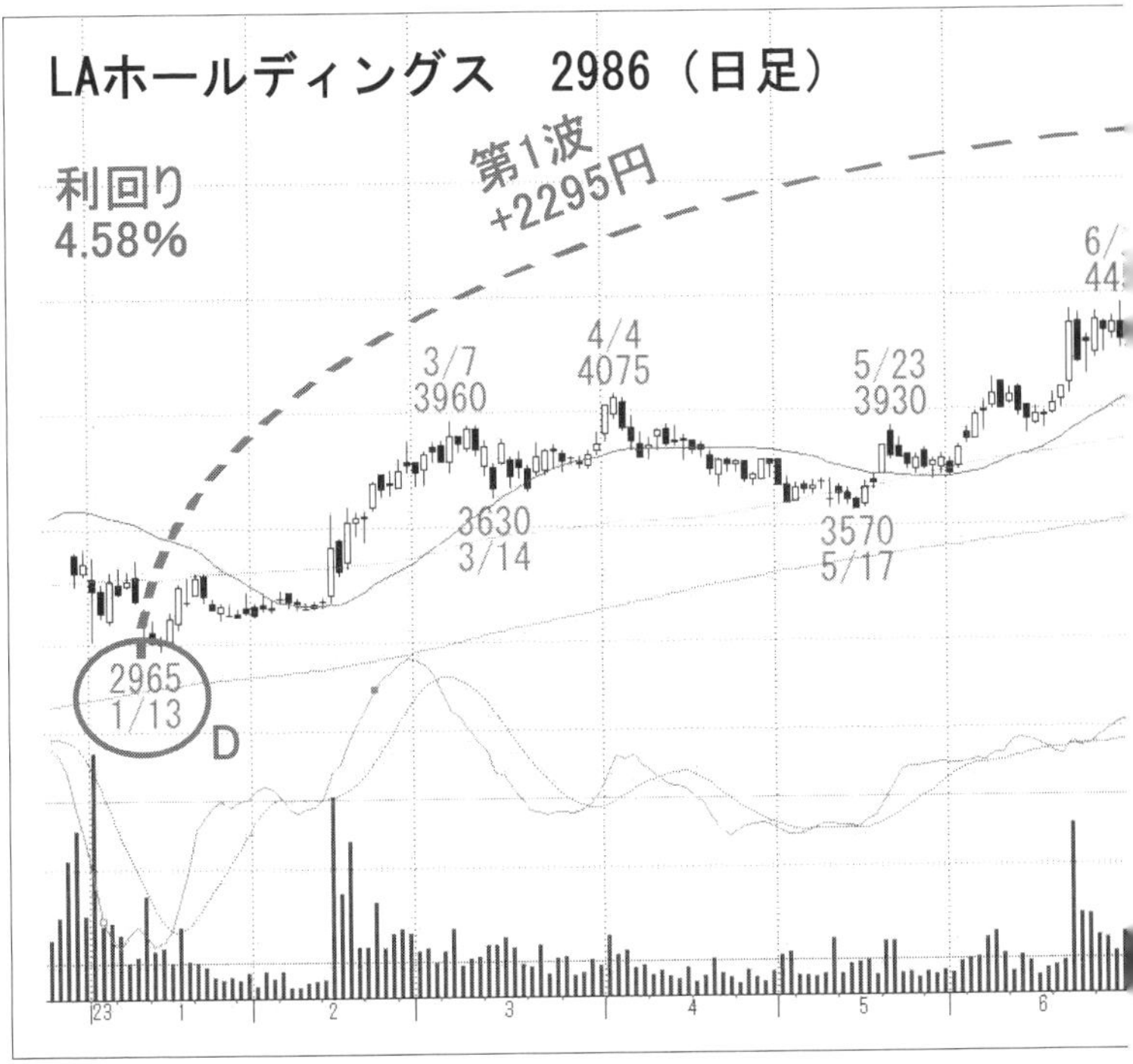
LAホールディングス　2986（日足）
利回り
4.58%
第1波
+2295円
3/7
3960
4/4
4075
5/23
3930
3630
3/14
3570
5/17
2965
1/13
D

アセット」が主要グループ会社。

不動産価格の高騰により、中古マンション市場が活発になるなかで、1億円クラスの富裕層向けに注力し、成約価格が1億円を超える中古マンションの成約件数は前期比30％増。

収益基盤の強化のため、安定的な収益の確保が見込めるストックビジネスにも注力し、利益率の高いヘルスケア施設に経営資源を集中しつつある。

# 5401

# 日本製鉄

東証 PRM

鉄鋼

ポイント

①日本一、世界3位の粗鋼生産量

②企業改革が評価され、株価の上昇トレンド続く

2023年10月10日現在

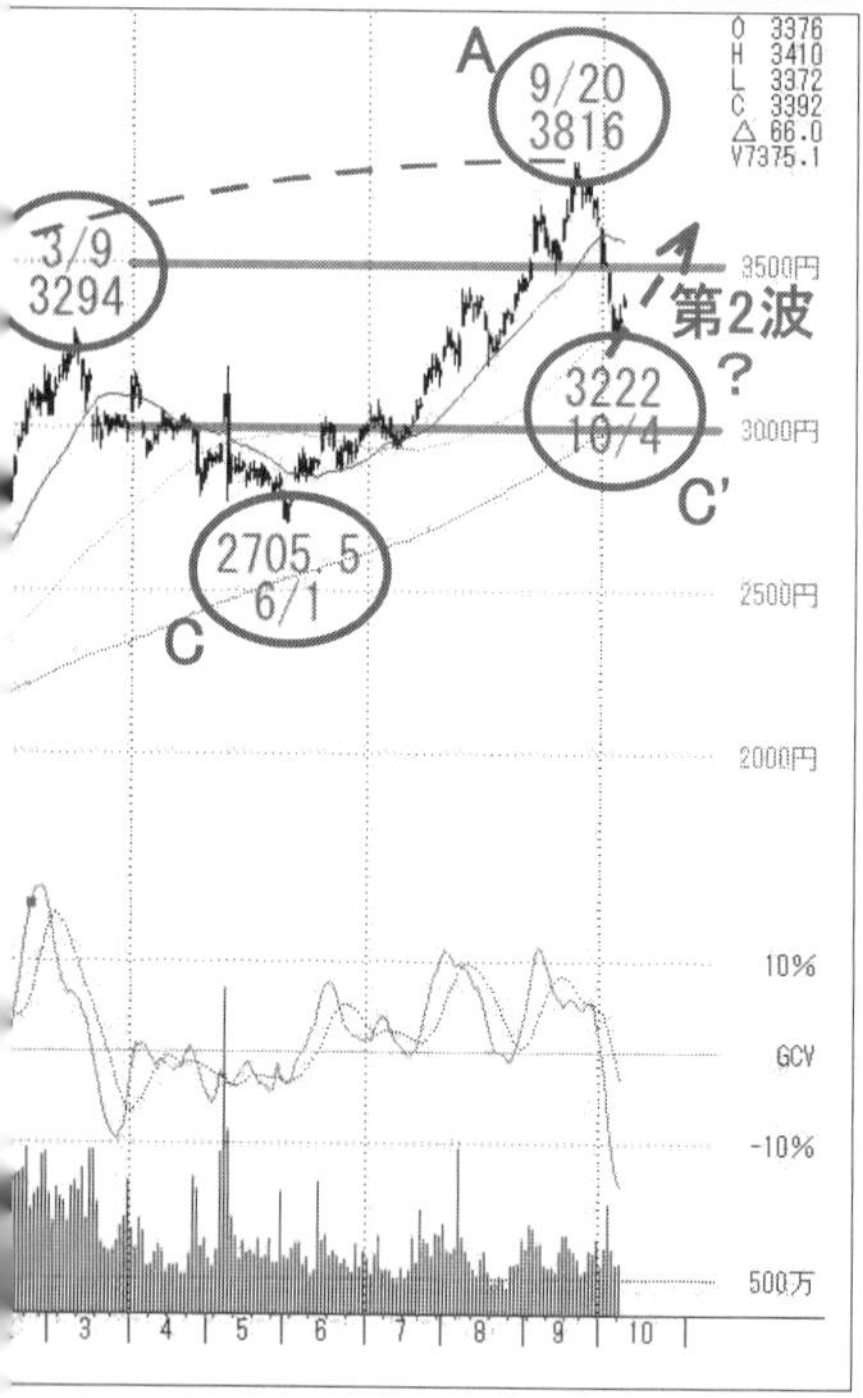

O 3376
H 3410
L 3372
C 3392
△ 66.0
V7375.1
A
9/20
3816
3/9
3294
第2波
?
3222
10/4
C'
2705.5
6/1
C
3500円
3000円
2500円
2000円
10%
GCV
-10%
500万
3
4
5
6
7
8
9
10


言わずと知れた日本最大の鉄鋼メーカー。2012年10月に住友金属工業と合併して粗鋼生産は世界3位に浮上。2021年10月、日本製鉄はトヨタと中国鉄鋼大手・宝武鋼鉄集団の子会社・宝山鋼鉄を東京地裁

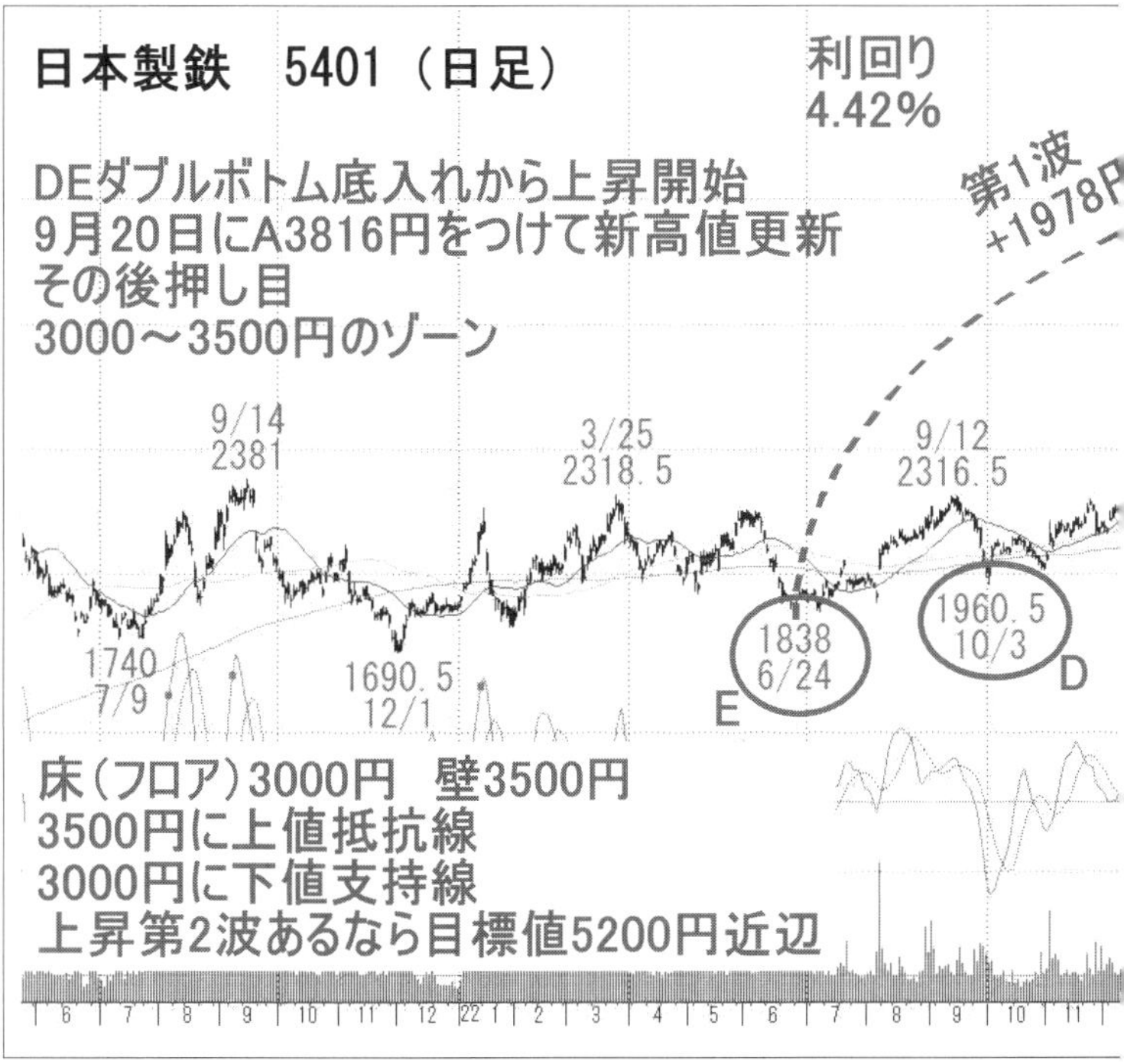
日本製鉄　5401（日足）
利回り
4.42%
DEダブルボトム底入れから上昇開始
9月20日にA3816円をつけて新高値更新
その後押し目
3000～3500円のゾーン
第1波
+1978円
9/14
2381
3/25
2318.5
9/12
2316.5
1740
7/9
1690.5
12/1
1838
6/24
E
1960.5
10/3
D
床（フロア）3000円　壁3500円
3500円に上値抵抗線
3000円に下値支持線
上昇第2波あるなら目標値5200円近辺
6 7 8 9 10 11 12 22 1 2 3 4 5 6 7 8 9 10 11

に提訴して話題になった。

　この訴訟でも問題になった電気自動車やハイブリッド車などの駆動モーターに使う無方向性電磁鋼板で高い技術力を誇る。この鋼板の特許侵害でトヨタを提訴している。

　グロース投資からバリュー投資への変化を代表する銘柄。

　9月20日新高値3816円をつける。3000円〜3500円のゾーン入るか。

5406

# 神戸製鋼所

東証 PRM

鉄鋼

ポイント

①配当利回り4・79％（10月10日現在）、PBR1倍割れの注目株

②高配当、好業績で株価は右肩上がりの上昇トレンド

2023年10月10日現在

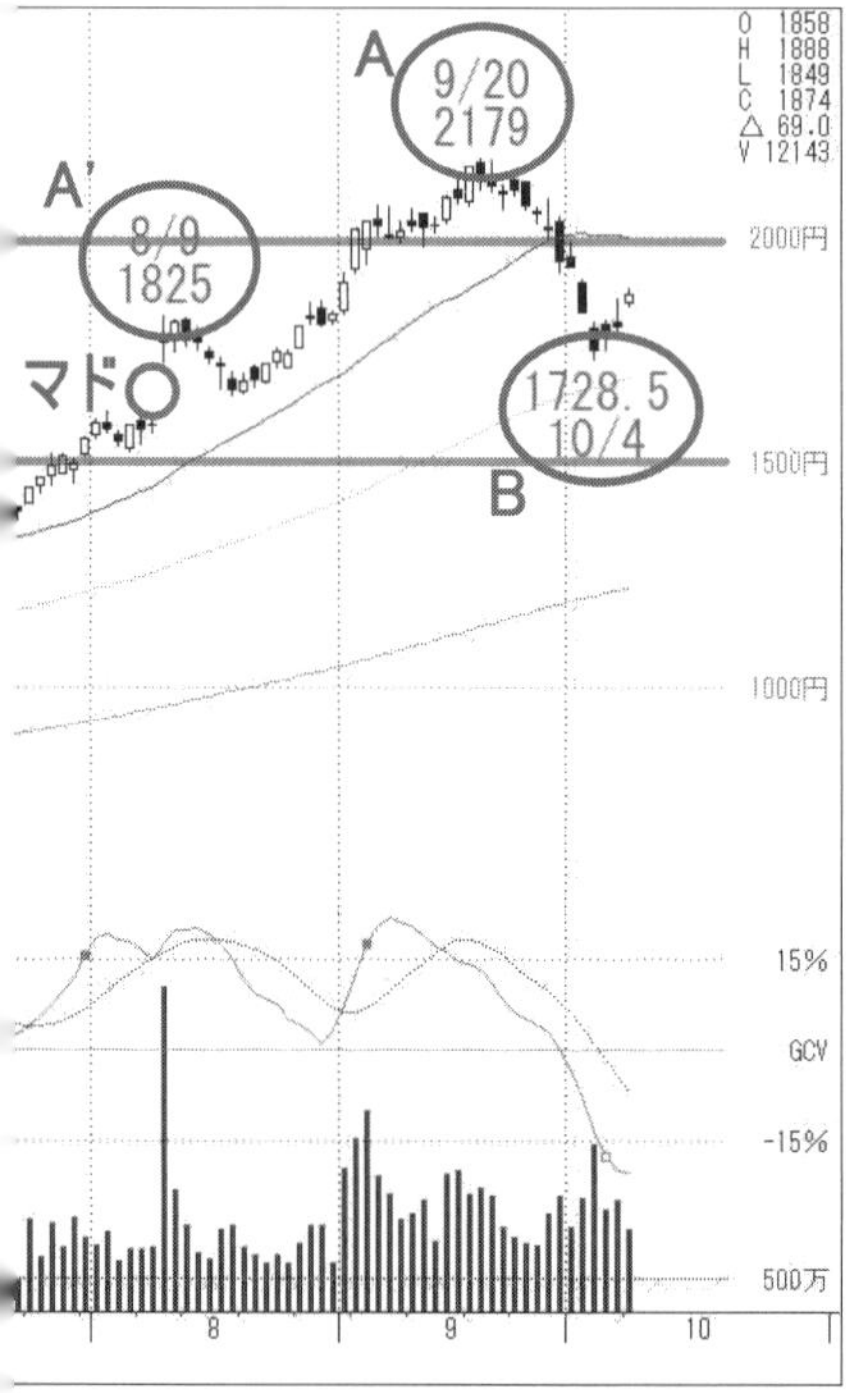
O 1858
H 1888
L 1849
C 1874
△ 69.0
V 12143
A
9/20
2179
A'
8/9
1825
マド○
1728.5
10/4
B
2000円
1500円
1000円
15%
GCV
-15%
500万
8
9
10

大手高炉メーカー。統一商標で国際ブランドとしては「KOBELCO」として知られる。大手鉄鋼メーカーの中では最も鉄鋼事業の比率が低く、素材部門・機械部門・電力部門を3本柱とする複合経営が特徴。

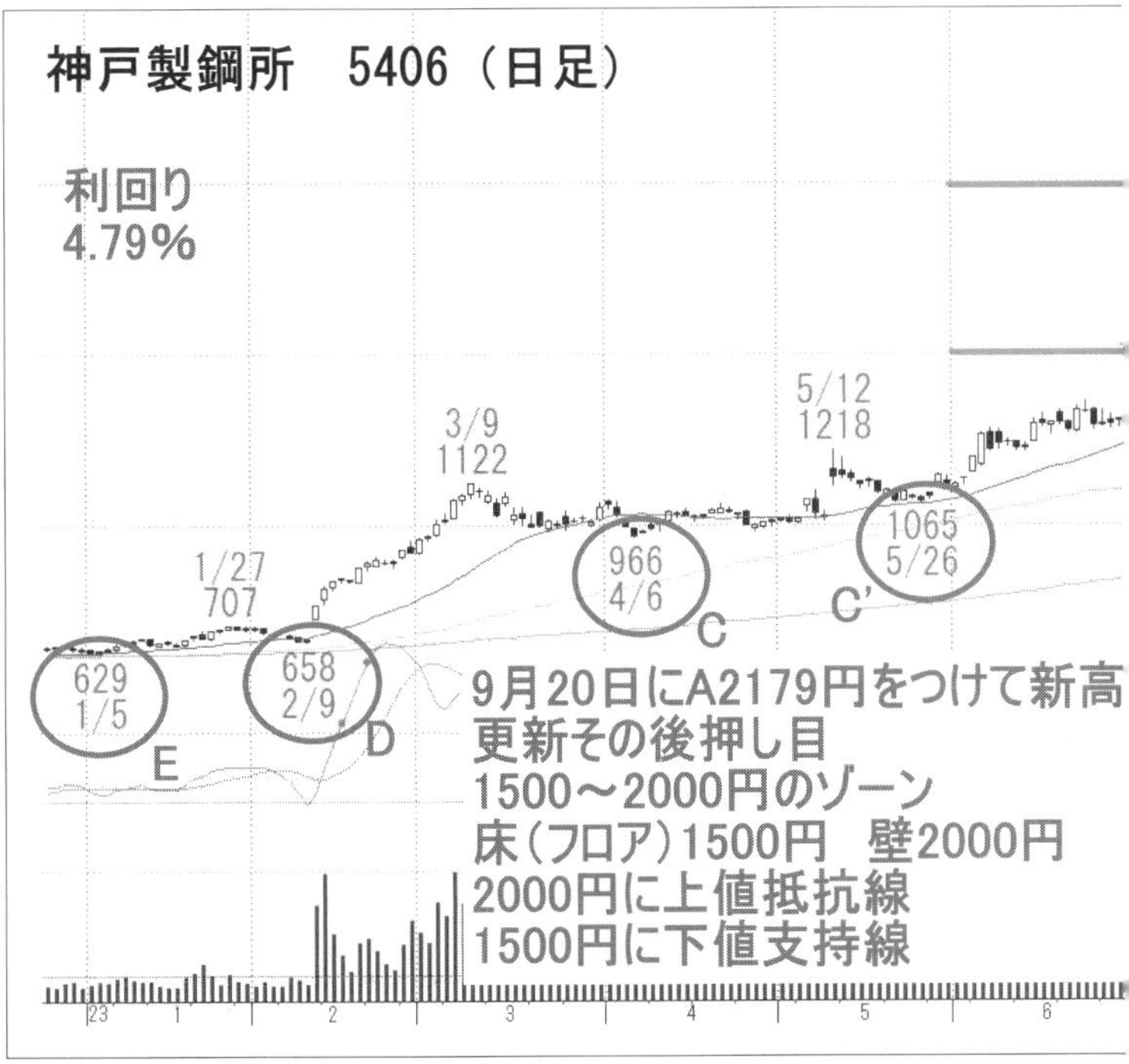

神戸製鋼所　5406（日足）
利回り
4.79%
3/9
1122
5/12
1218
1/27
707
629
1/5
658
2/9
966
4/6
1065
5/26
E
D
C
C'
9月20日にA2179円をつけて新高
更新その後押し目
1500～2000円のゾーン
床（フロア）1500円　壁2000円
2000円に上値抵抗線
1500円に下値支持線
23
1
2
3
4
5
6


素材部門では線材や輸送機用アルミ材、機械部門ではスクリュー式非汎用圧縮機などで高いシェア。電力部門も電力卸供給事業としては国内最大規模を誇る。

また、鉄以外にもアルミ、チタン、銅など複数の金属素材を手掛けており、世界に類を見ない複合素材メーカーである。

9月20日に2179円で新高値更新、1500円～2000円のゾーンに突入。

6486

# イーグル工業

東証 PRM

機械

ポイント

①メカニカルシール最大手の好業績、高配当株

②自動車向けや船舶、航空機用好調で増収増益続く

2023年10月10日現在

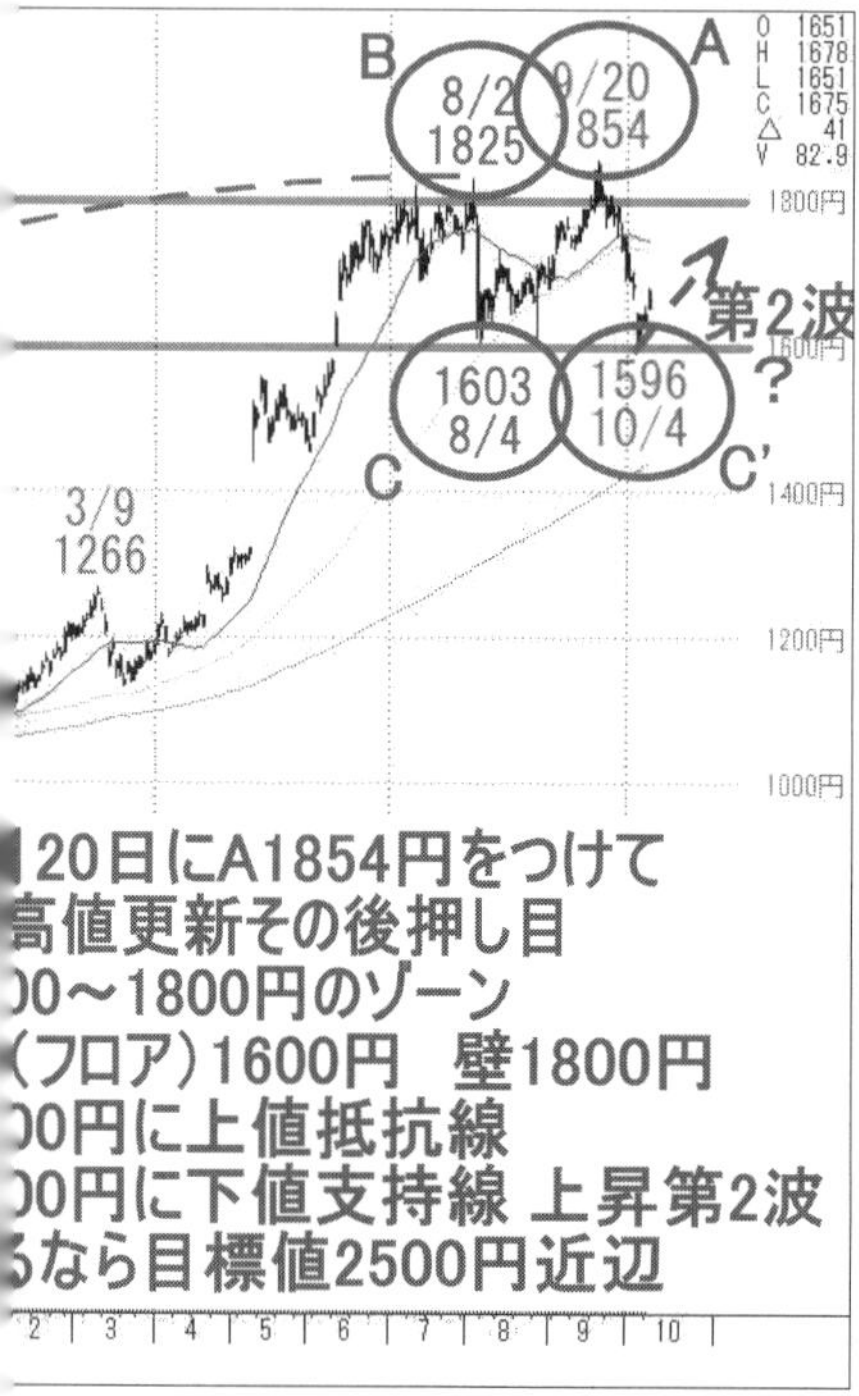

O 1651
H 1678
L 1651
C 1675
△ 41
V 82.9
B
A
8/2
1825
9/20
854
1800円
第2波
1600円
1603
8/4
1596
10/4
?
C
C'
1400円
3/9
1266
1200円
1000円
20日にA1854円をつけて
高値更新その後押し目
00～1800円のゾーン
(フロア)1600円　壁1800円
00円に上値抵抗線
00円に下値支持線 上昇第2波
なら目標値2500円近辺
2 3 4 5 6 7 8 9 10


ポンプやコンプレッサーなどの回転機構の動力を伝える軸部分に設置されるパッキン部品の一種であるメカニカルシールの総合メーカー。略称はＥＫＫ。

回転機器内部の液体の漏れを防ぐのがメカニカルシ

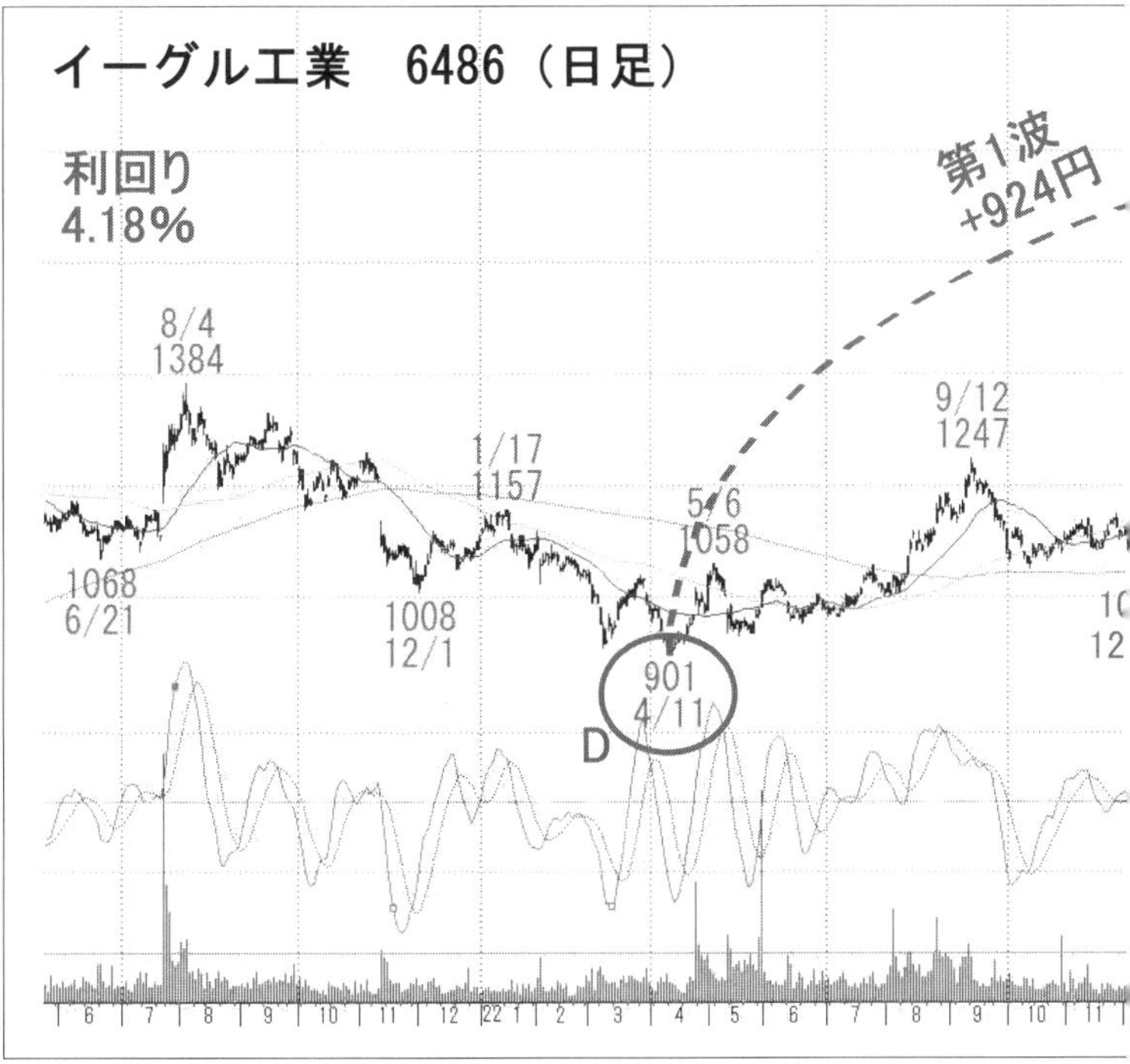
イーグル工業　6486（日足）
利回り
4.18%
第1波
+924円
8/4
1384
1/17
1157
5/6
1058
9/12
1247
1068
6/21
1008
12/1
901
4/11
D
6
7
8
9
10
11
12
22 1
2
3
4
5
6
7
8
9
10
11

ールの重要な機能だが、トルク低減と高密封性の両立は不可能とされてきたが、EKKは表面テクスチャリング技術を開発して、この常識を覆した。

世界中の自動車、船舶、ロケット・航空機などで、その技術と製品が利用されている。自動車向けの同製品では首位。他にコントロールバルブなど特殊バルブの製造・販売も手掛ける。

ABダブルトップか、上昇第2波か!?

# 8053

# 住友商事

東証 PRM

卸売業

**ポイント**

①住友グループの中核、高配当のブランド企業

②売上構成海外64%で円安の恩恵大きい

2023年10月10日現在

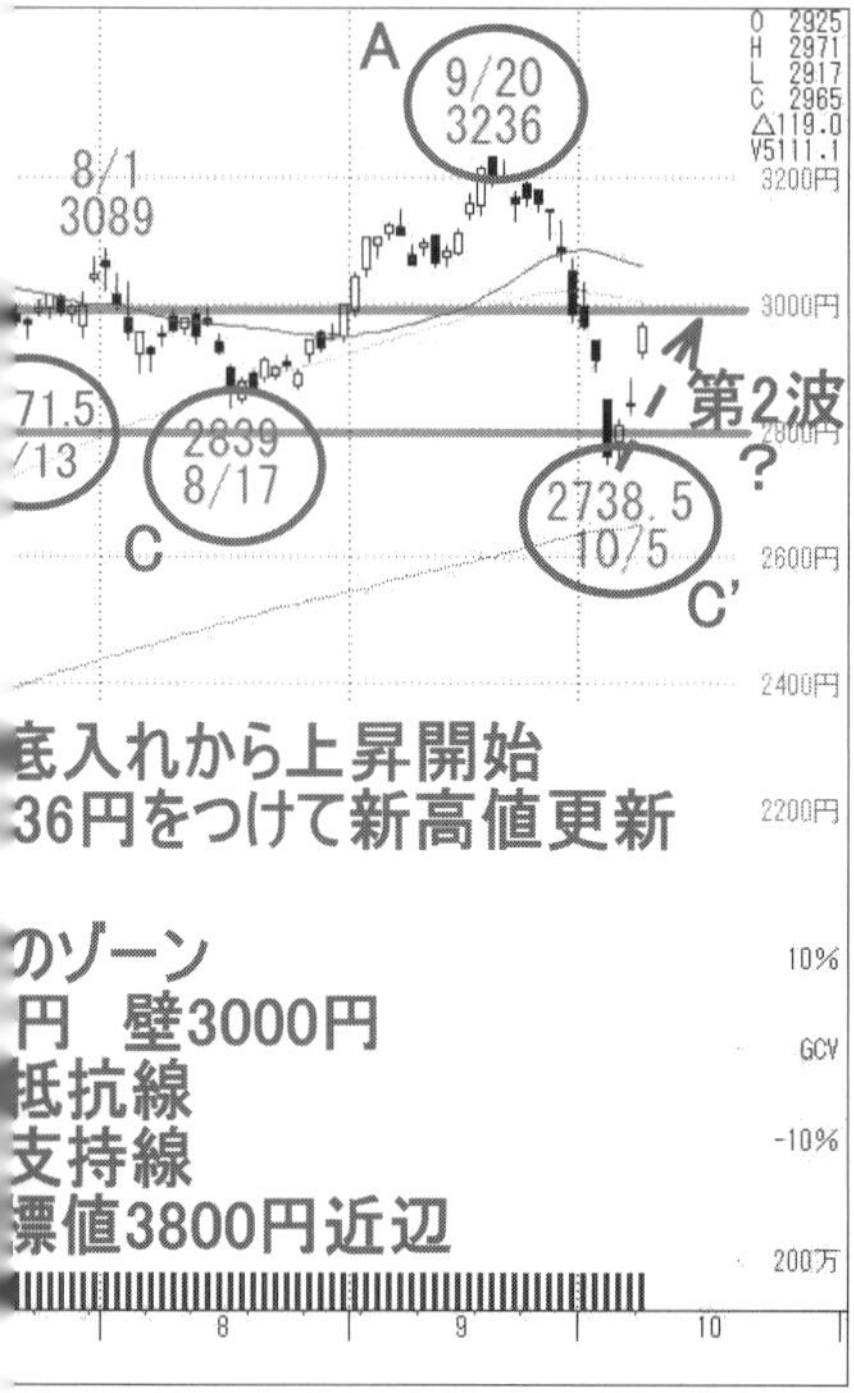

O 2925
H 2971
L 2917
C 2965
△119.0
V5111.1
A
9/20
3236
8/1
3089
第2波
?
71.5
/13
2839
8/17
C
2738.5
10/5
C'
3200円
3000円
2800円
2600円
2400円
2200円
底入れから上昇開始
36円をつけて新高値更新
のゾーン
円　壁3000円
抵抗線
支持線
値3800円近辺
10%
GCV
-10%
200万
8
9
10


日本国内20カ所、海外111カ所に事業所を構え、日本の商社の中でも5大商社の1つに数えられる大手総合商社。

住友商事グループは金属事業、輸送機・建機事業、インフラ事業、メディア・

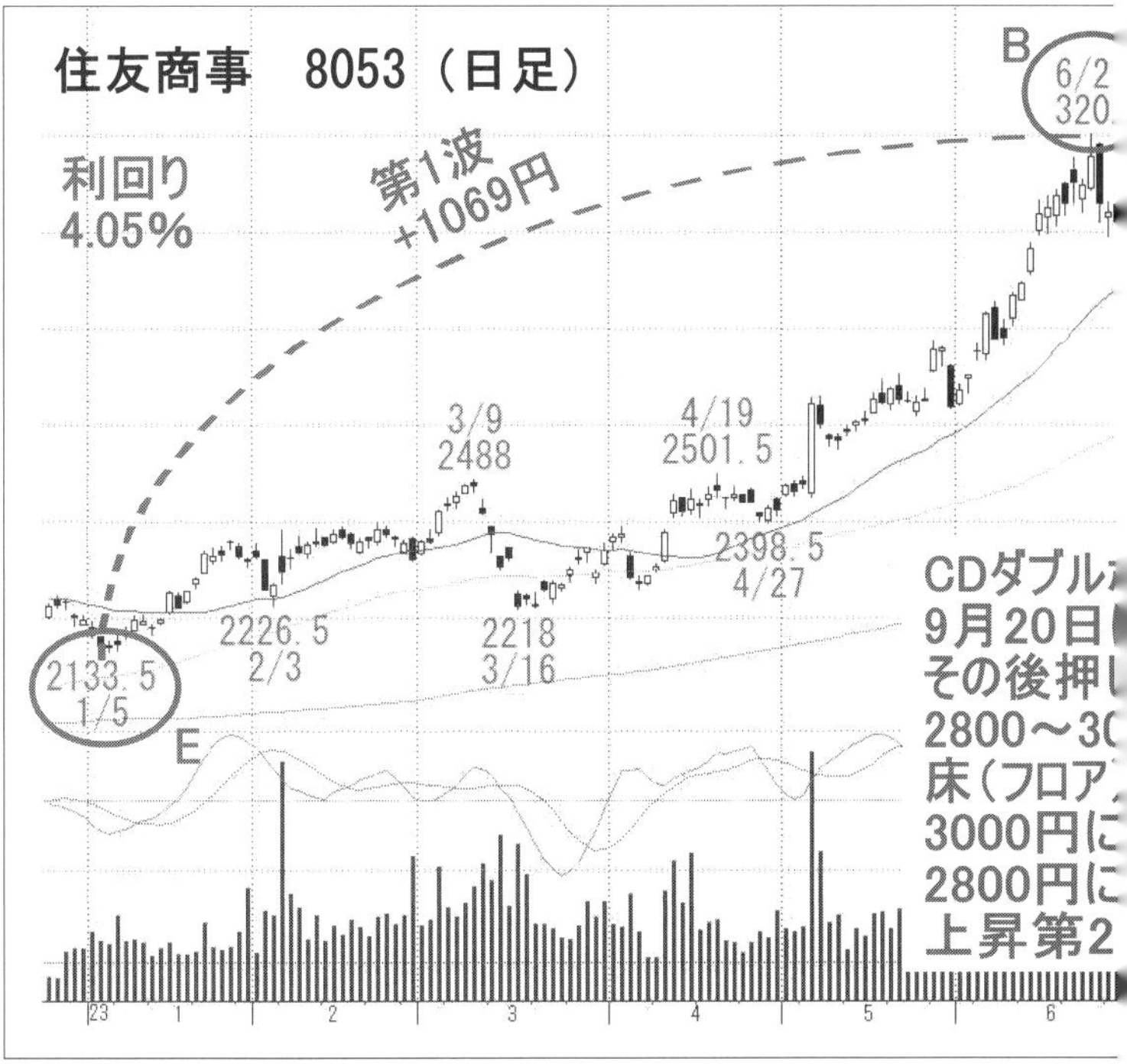
住友商事　8053（日足）
利回り
4.05%
第1波
+1069円
B
6/2
320
3/9
2488
4/19
2501.5
2226.5
2/3
2218
3/16
2398.5
4/27
2133.5
1/5
E
CDダブル
9月20日
その後押し
2800～30
床（フロア
3000円に
2800円に
上昇第2
23
1
2
3
4
5
6

デジタル事業、生活・不動産事業、資源・化学品事業の6つの事業部門と1つのイニシアチブと国内・海外の地域組織を連携し、グローバルネットワークを活用して総合力を活かした幅広いビジネスを展開。

その強固なビジネス基盤を有機的に統合することで、社会課題を解決し、新たな価値を創造する事業に積極的に取り組んでいる。

2期連続増配。

# 8473

# SBIホールディングス

東証 PRM

証券業

ポイント

①手数料無料化でマーケットシェアを飛躍的に伸ばすか

②オンライン（ネット）取引でナンバーワンへ

2023年10月10日現在

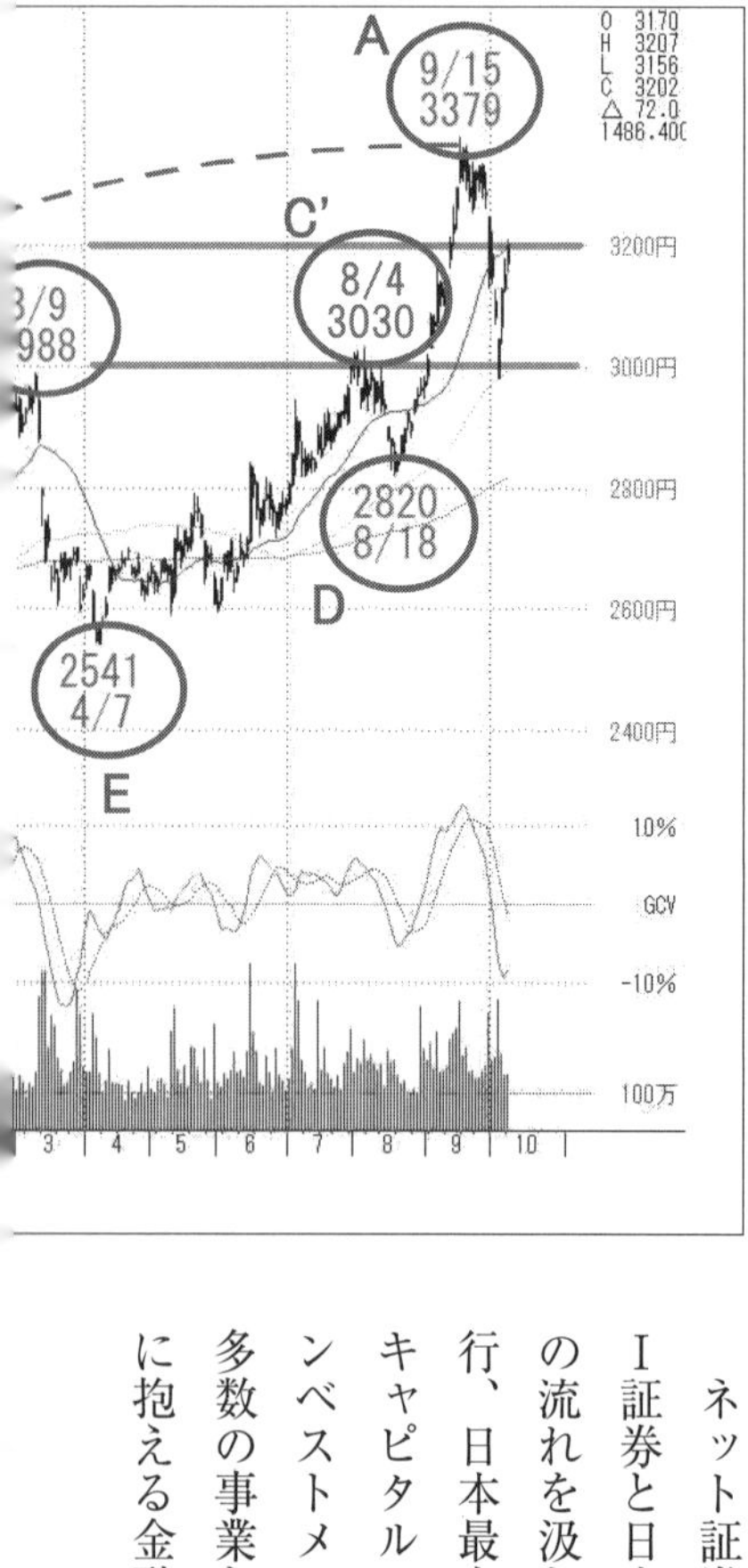

O 3170
H 3207
L 3156
C 3202
△ 72.0
1486.400
A
9/15
3379
C'
8/4
3030
3/9
2988
2820
8/18
D
2541
4/7
E
3200円
3000円
2800円
2600円
2400円
10%
GCV
-10%
100万
3
4
5
6
7
8
9
10


ネット証券最大手のSBI証券と日本長期信用銀行の流れを汲むSBI新生銀行、日本最大のベンチャーキャピタルであるSBIインベストメントを中心に、多数の事業と子会社を傘下に抱える金融コングロマリ

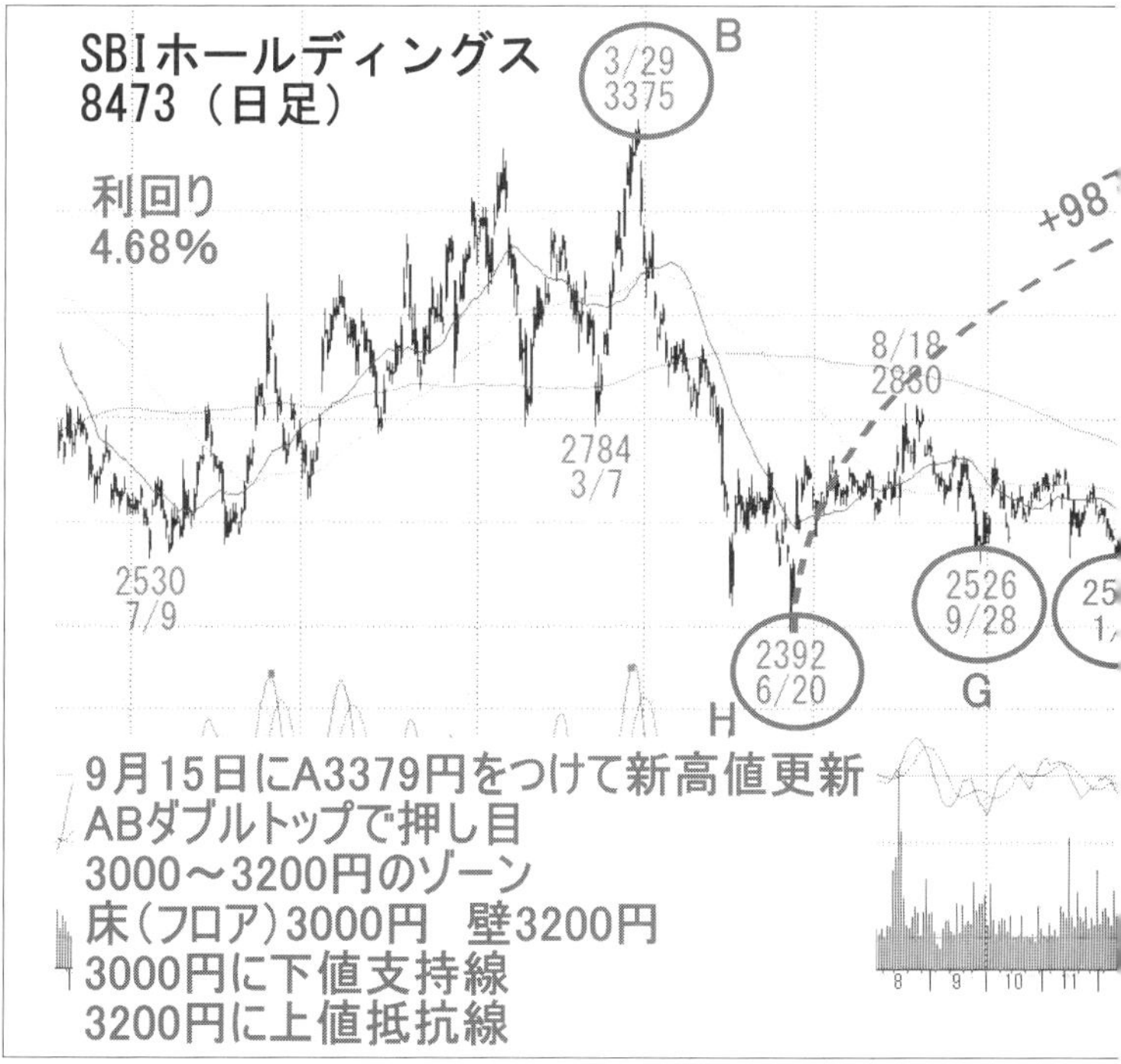
SBIホールディングス
8473（日足）
利回り
4.68%
B
3/29
3375
+987
8/18
2880
2784
3/7
2530
7/9
2392
6/20
H
2526
9/28
G
9月15日にA3379円をつけて新高値更新
ABダブルトップで押し目
3000～3200円のゾーン
床（フロア）3000円　壁3200円
3000円に下値支持線
3200円に上値抵抗線
8
9
10
11

ットである「ＳＢＩグループ」を形成している。

地方銀行との提携を積極的に推し進め、「第４のメガバンク」を目指し積極的な拡大路線を採っている。

ネット銀行や私設取引システム運営、ブロックチェーンなど新しい領域での事業開発に強みがある。

９月15日に３３７９円で新高値更新。３２００円の壁を突破して３２００円～３４００円のゾーンに入るか!?

# 9104

# 商船三井

東証 PRM

海運業

ポイント

①好業績、高配当でトップクラス

②今なおPBR1倍割れで自社株買い強化

2023年10月10日現在

O 4150
H 4278
L 4140
C 4258
△242.0
V9344.2
A
9/20
4655
B
8/14
4110
マド
第2波
？
3867
10/5
D
3650
7/31
4500円
4000円
3500円
10%
GCV
-10%
500万
8
9
10

世界最大級の保有船を所有する海運業大手。鉄鉱石、タンカー、LNG船、不定期便に強みがある。LNG船の保有数は世界1位。

海運事業以外にも、海上輸送で培った知見とネットワークを活かし、様々な社

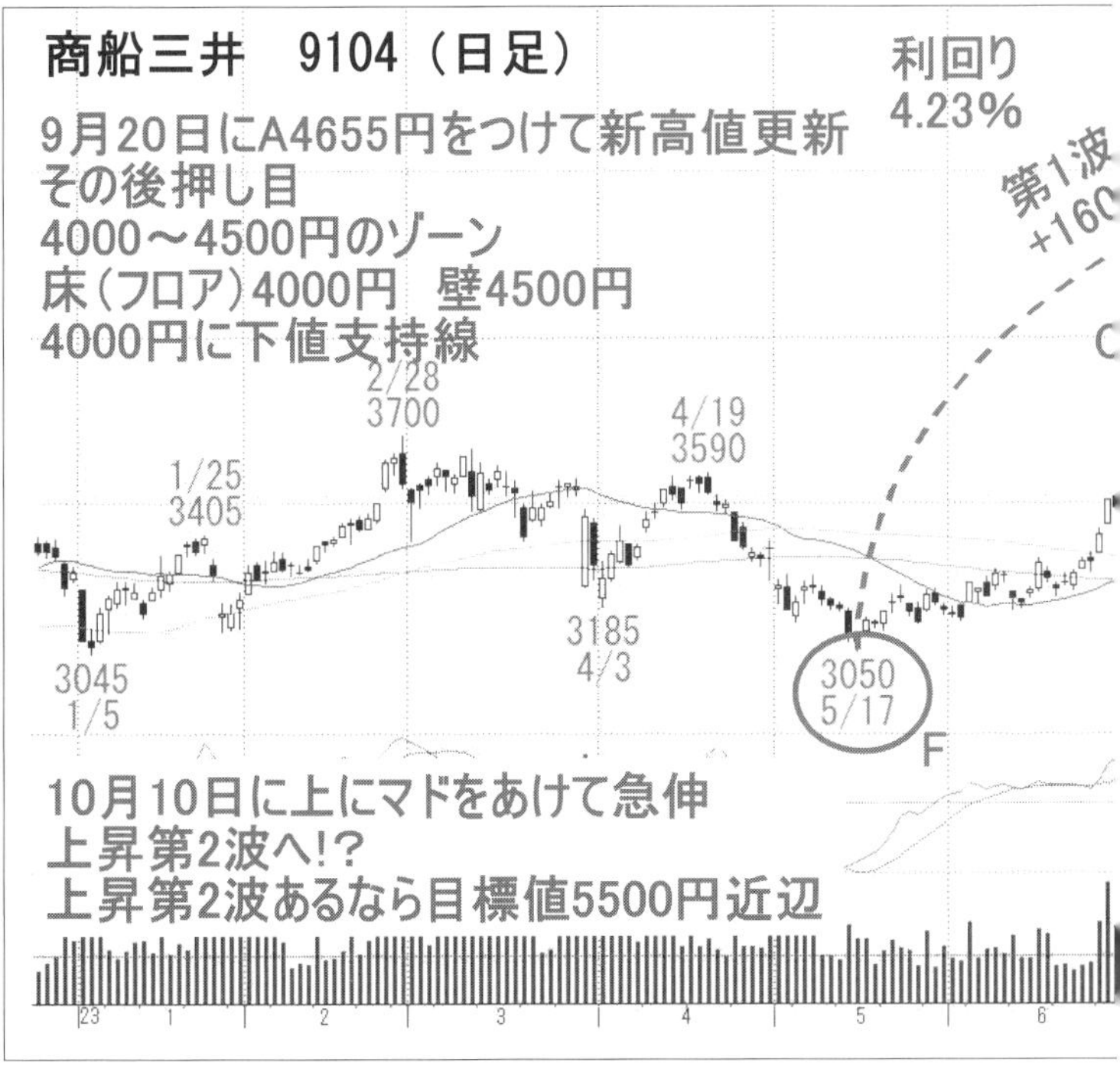
商船三井　9104（日足）
利回り
4.23%
9月20日にA4655円をつけて新高値更新
その後押し目
4000〜4500円のゾーン
床（フロア）4000円　壁4500円
4000円に下値支持線
第1波
2/28
3700
4/19
3590
1/25
3405
3185
4/3
3045
1/5
3050
5/17
F
10月10日に上にマドをあけて急伸
上昇第2波へ!?
上昇第2波あるなら目標値5500円近辺
23
1
2
3
4
5
6

会インフラ事業を展開。クリーンエネルギーを生み出す洋上風力発電の普及を目指し、周辺事業分野で幅広いサービスを提供している。

洋上風力発電設備の建設前に立地環境を調査し、事業想定海域の選定を支援する海洋コンサルティングサービスをはじめ、風力発電設備やその資材の陸上・海上・航空輸送、湾岸荷役、通関、据え付けなどのサポートも行っている。

9107

# 川崎汽船

東証 PRM

海運業

ポイント

①海運大手3社の中で円安の恩恵もあり、株価の上昇圧力が最も高い

②PBR1倍割れで自社株買い積極化

2023年10月10日現在

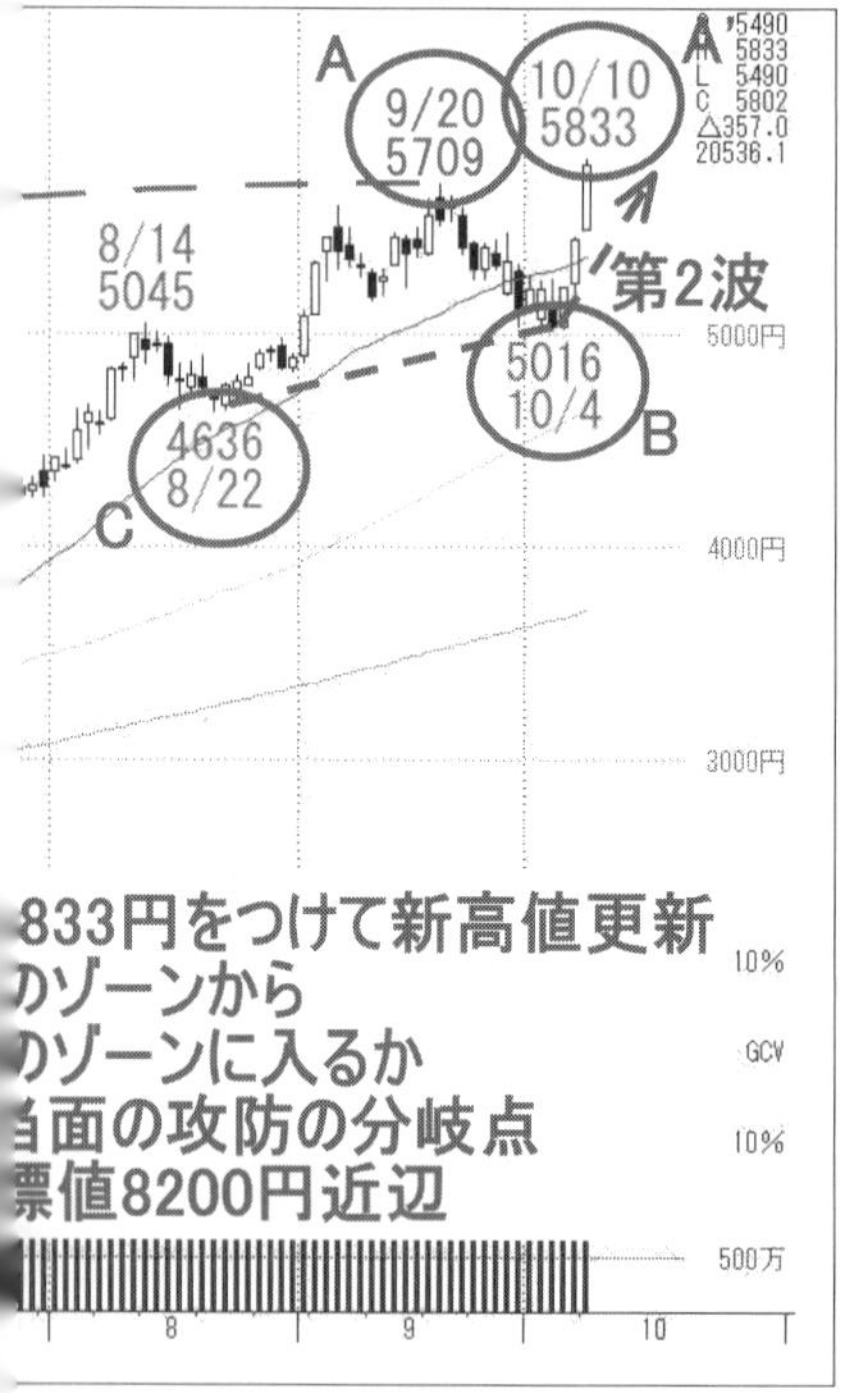

A
9/20
5709
10/10
5833
5490
5833
L 5490
C 5802
△357.0
20536.1
8/14
5045
第2波
5000円
5016
10/4
B
4636
8/22
C
4000円
3000円
833円をつけて新高値更新
のゾーンから
のゾーンに入るか
当面の攻防の分岐点
標値8200円近辺
10%
GCV
10%
500万
8
9
10


日本郵船、商船三井に次いで国内第3位の規模を持つ海運大手企業。上位2社と比較するとコンテナ船への依存率が高いとされる。

このほか、石炭・鉄鉱石などの不定期貨物船、自動車運搬船、LNGタンカー、

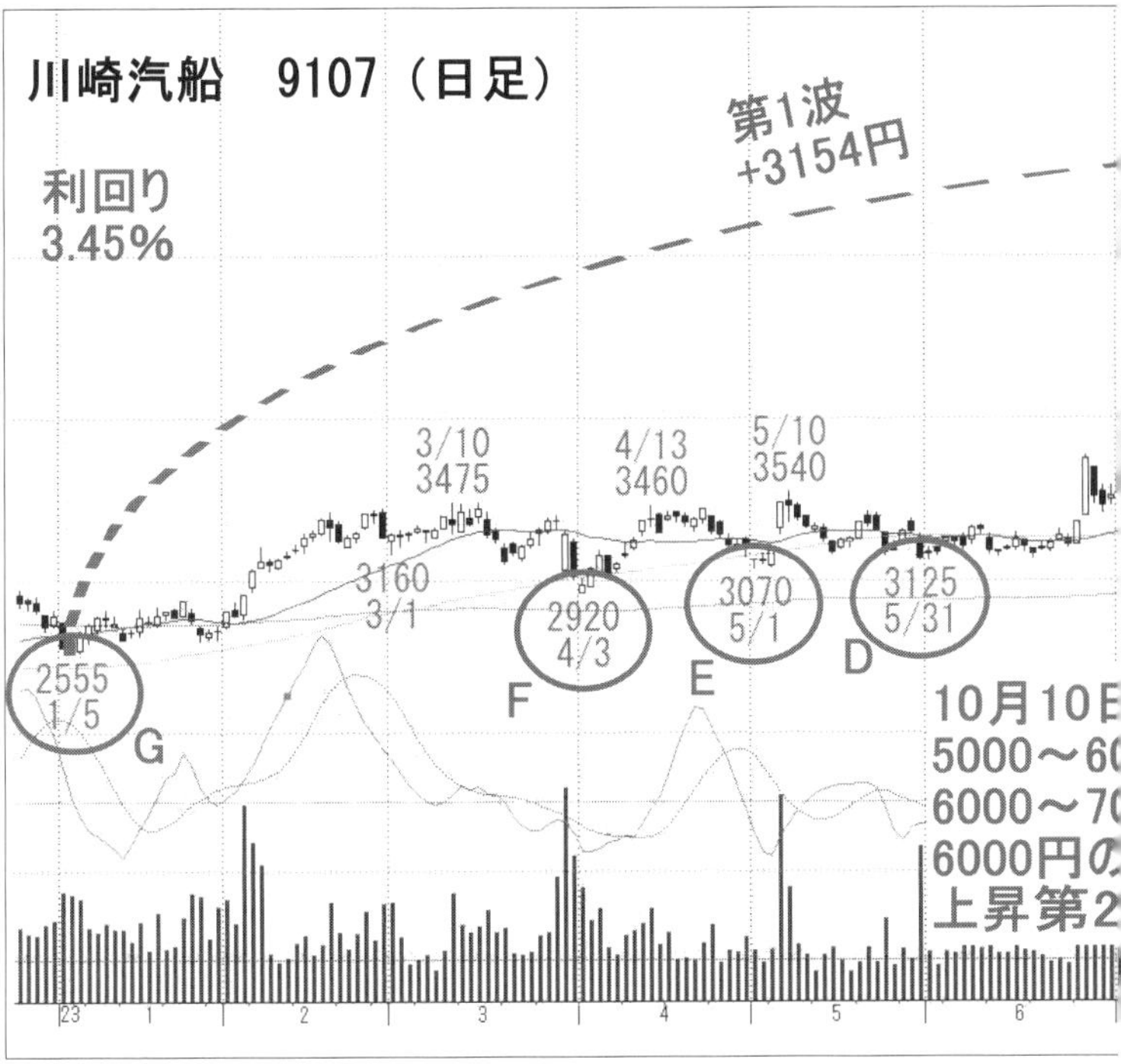
川崎汽船　9107（日足）
第1波
+3154円
利回り
3.45%
3/10
3475
4/13
3460
5/10
3540
3160
3/1
2920
4/3
3070
5/1
3125
5/31
2555
1/5
G
F
E
D

石油タンカーなどを運航する。また、日本で初めて自動車専用船を導入した企業でもある。

コンテナ船事業では、韓国の韓進海運、台湾の陽明海運、中国のコスコ・コンテナラインと海運アライアンス「ＣＫＹＨグループ」を組んでいる。

２０２３年の株主配当金は、中間配当、期末配当ともに３００円で６００円となり、注目された。

## 1605

# INPEX

東証 PRM

鉱業

ポイント

①資源関連の高配当注目株

②石油価格上昇で株価も上昇

2023年10月10日現在

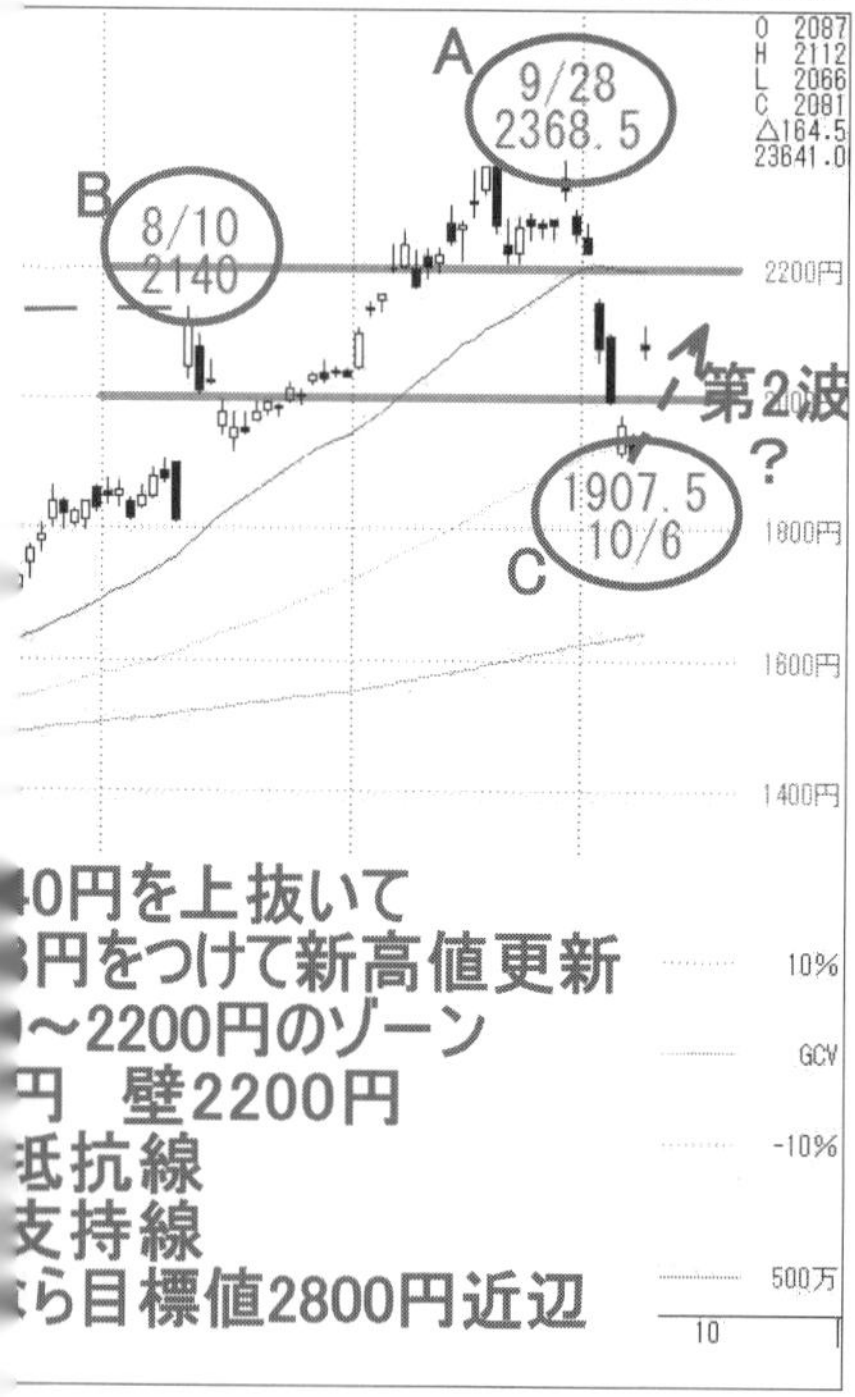
O 2087
H 2112
L 2066
C 2081
△164.5
23641.0
A
9/28
2368.5
B
8/10
2140
第2波
?
1907.5
10/6
C
2200円
1800円
1600円
1400円
40円を上抜いて
3円をつけて新高値更新
～2200円のゾーン
円　壁2200円
抵抗線
支持線
ら目標値2800円近辺
10%
GCV
-10%
500万
10

国内海外を問わず石油・天然ガス等の権益を多数持つ国内最大手の石油開発企業。

探鉱・開発・生産プロジェクトあわせて世界20数カ国でプロジェクトを展開。

旧社名は国際石油開発帝

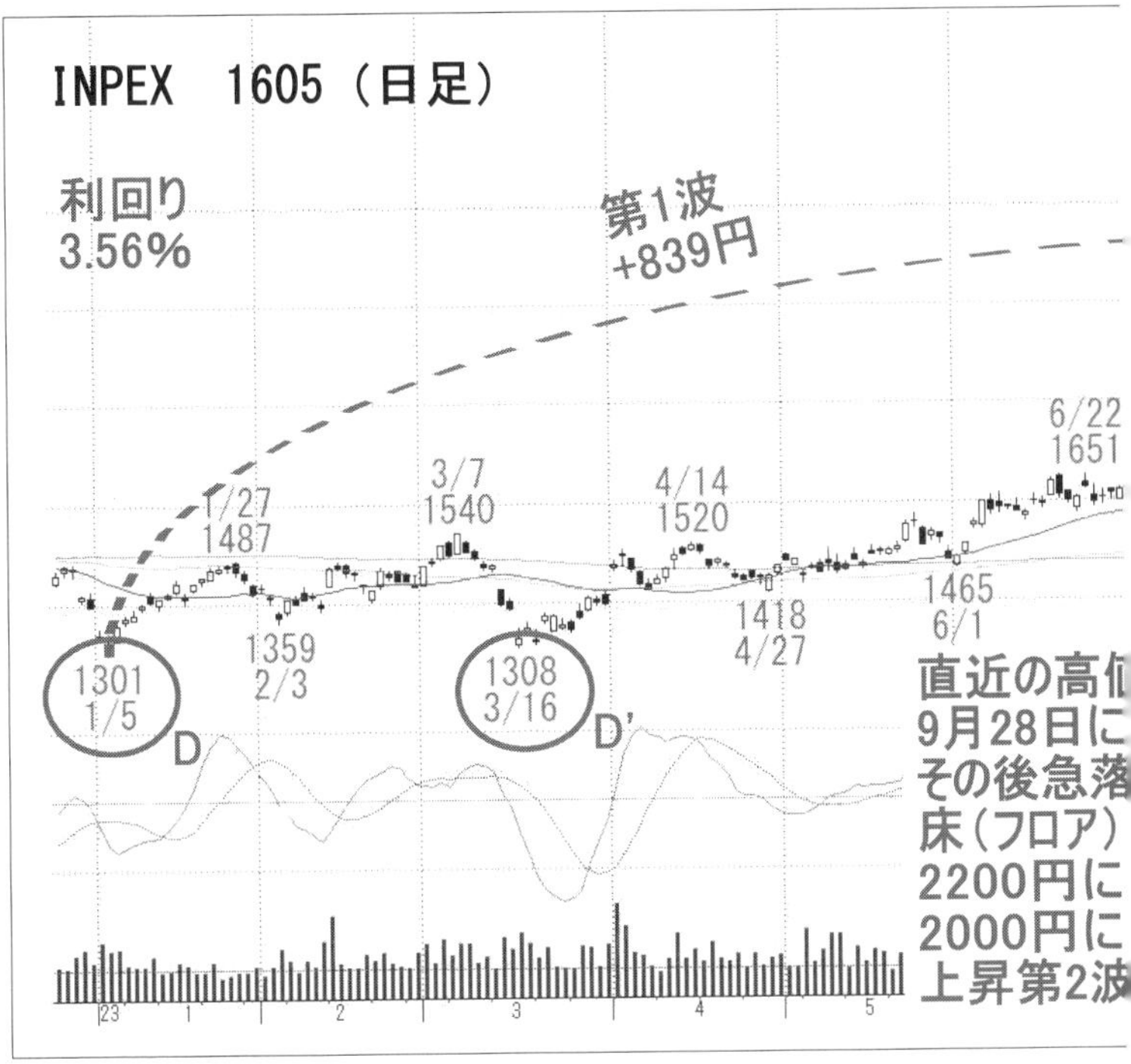

INPEX　1605（日足）
利回り
3.56%
第1波
+839円
1/27
1487
3/7
1540
4/14
1520
6/22
1651
1359
2/3
1418
4/27
1465
6/1
1301
1/5
1308
3/16
D
D'
直近の高値
9月28日に
その後急落
床（フロア）
2200円に
2000円に
上昇第2波
23
1
2
3
4
5


石株式会社。

２０２０年にはフォーブス・グローバル２０００にて世界で５９７番目に大きな株式会社とされた。

気候変動に対応して、再生可能エネルギー事業への参入を加速。長期的にポートフォリオの１割を再生可能エネルギー事業とすることを目指す。

９月28日に２３６８円をつけて新高値更新。

# 2114 フジ日本精糖

東証 STD

食料品

ポイント

①食品、消費関連の注目株。双日が大株主

②NY砂糖価格の上昇に連動するか

2023年10月10日現在

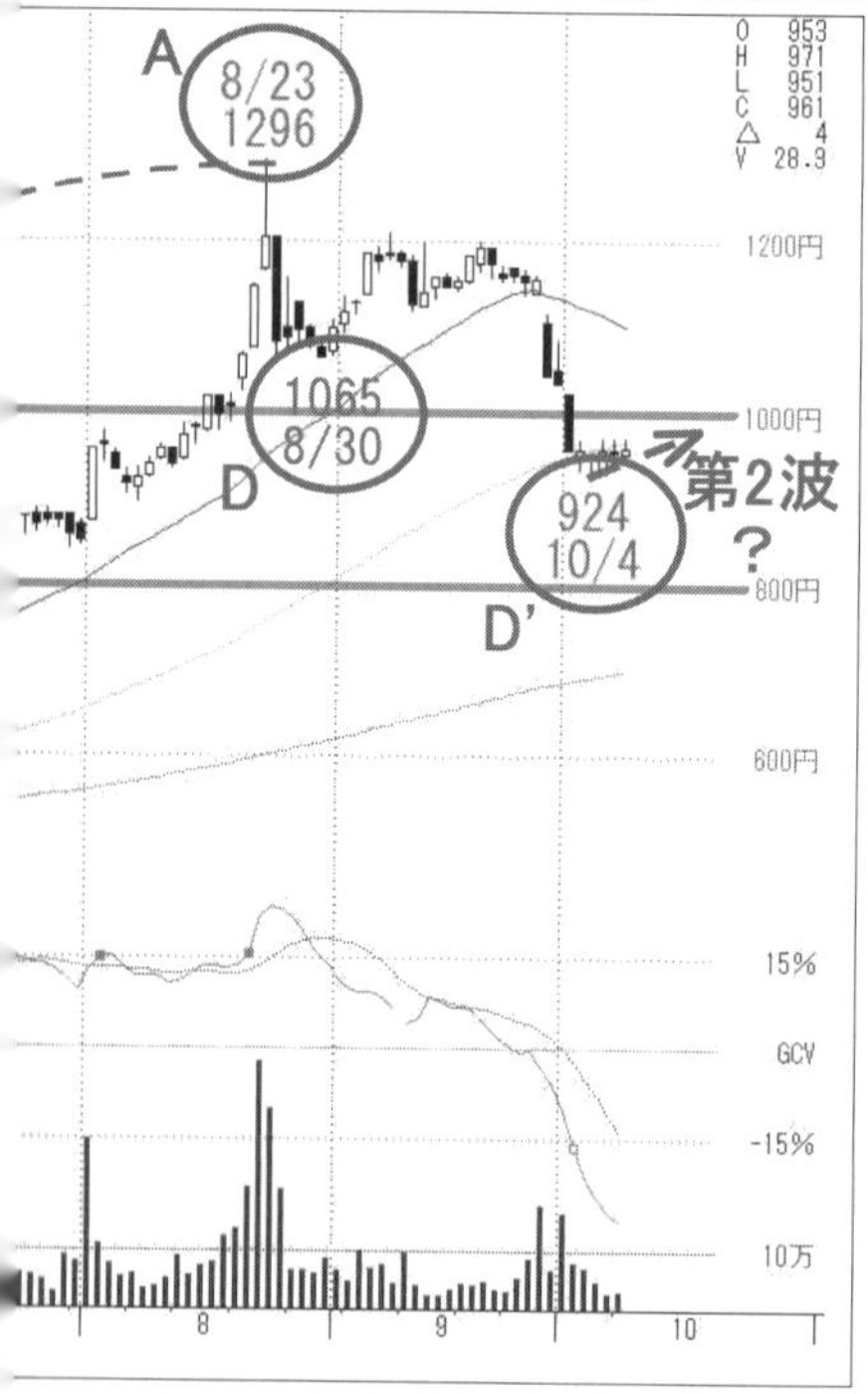

O 953
H 971
L 951
C 961
△ 4
V 28.3
A
8/23
1296
1065
8/30
D
924
10/4
D'
第2波
?
1200円
1000円
800円
600円
15%
GCV
-15%
10万
8
9
10


大手の砂糖の製造販売会社。日商岩井（双日）系列の日本精糖とフジ製糖が2001年に合併し誕生。砂糖のブランドは東北・新潟県では旧日本精糖の『さくらんぼ印』、山梨県・長野県・静岡県では旧フジ製糖

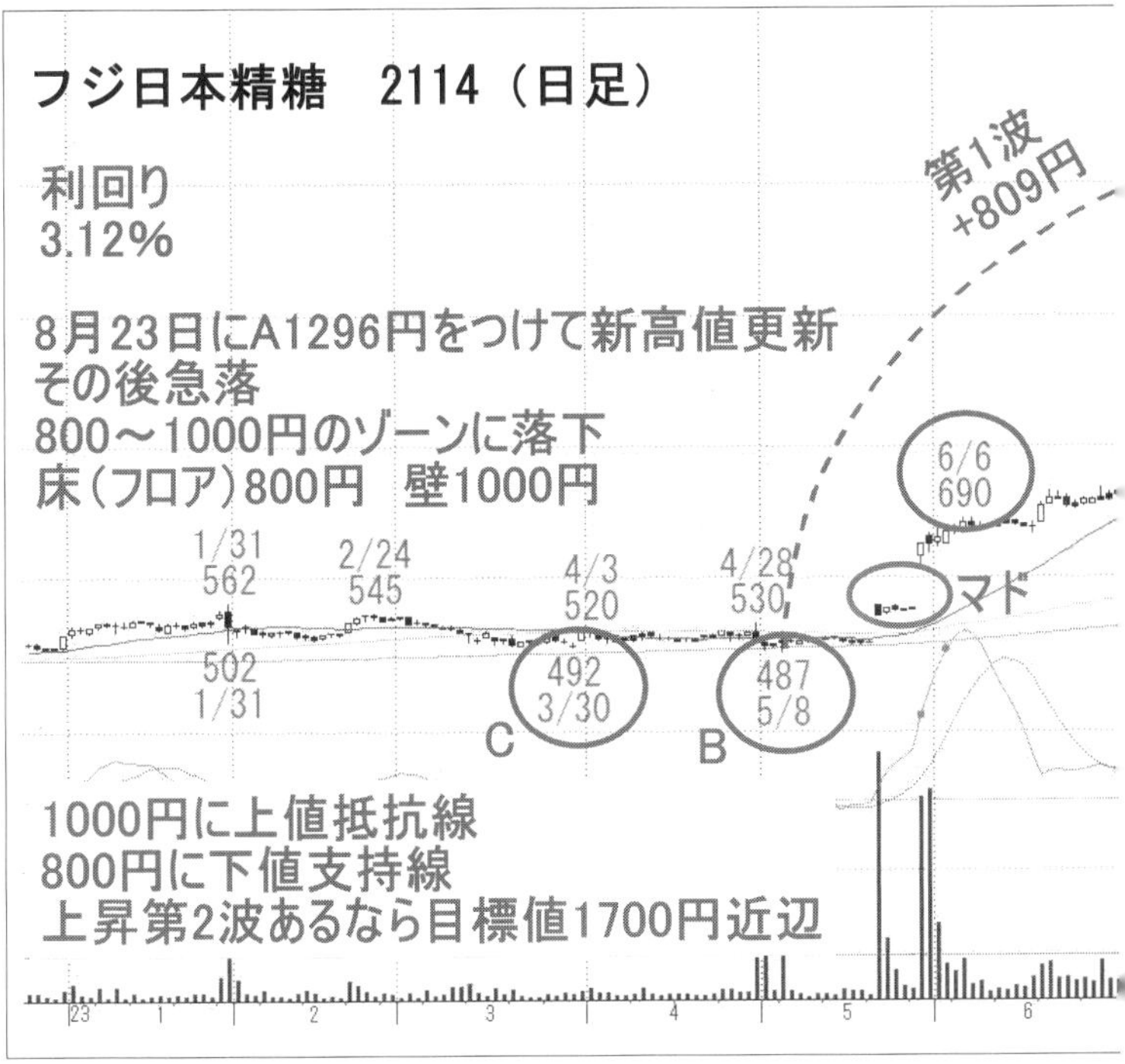
フジ日本精糖　2114（日足）
利回り
3.12%
8月23日にA1296円をつけて新高値更新
その後急落
800～1000円のゾーンに落下
床（フロア）800円　壁1000円
第1波
+809円
6/6
690
マド
1/31
562
2/24
545
4/3
520
4/28
530
502
1/31
492
3/30
487
5/8
C
B
1000円に上値抵抗線
800円に下値支持線
上昇第2波あるなら目標値1700円近辺

の『フジ印』を販売している。

砂糖以外の事業として食品添加物、食物繊維素材「イヌリン」の製造、切花活力剤「キープフラワー」などの機能性素材の製造を行っている。連結子会社ユニテックフーズ株式会社では、ペクチンをはじめとする既存の増粘多糖類の拡販をし、さらには新規事業である植物代替肉（プラントベースドミート）の拡販にも意欲的。

3861

# 王子ホールディングス

東証 PRM

パルプ・紙

ポイント

①製紙ナンバーワン。インフレ好況到来で業績好調
②PBR0・7倍と割安

2023年10月10日現在

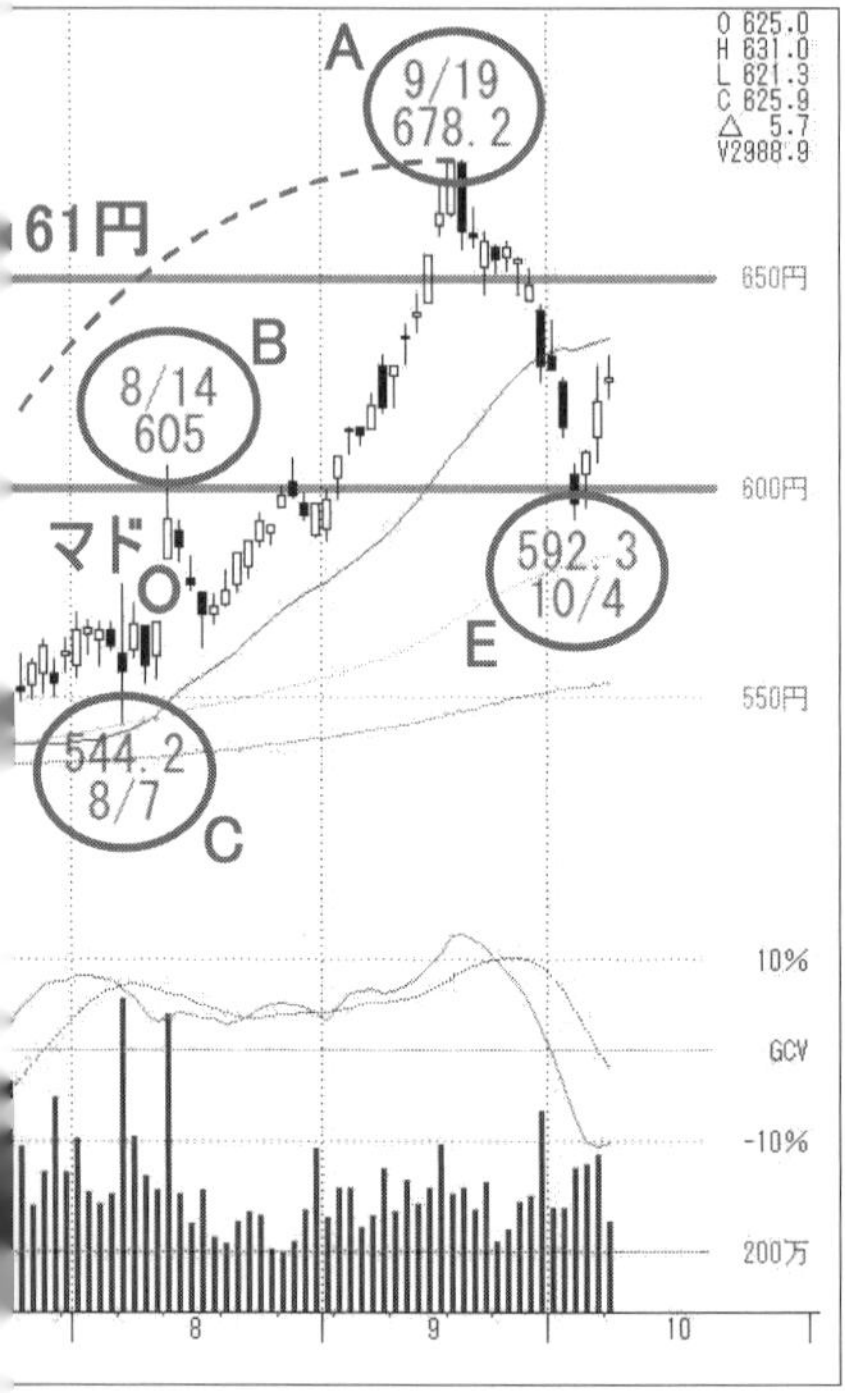
O 625.0
H 631.0
L 621.3
C 625.9
△ 5.7
V2988.9
A
9/19
678.2
61円
650円
B
8/14
605
600円
マド
592.3
10/4
E
550円
544.2
8/7
C
10%
GCV
-10%
200万
8
9
10

王子製紙などの企業を傘下に持つ、王子グループの持ち株会社。売上高ベースでは日本国内における製紙業界では最大手。日経平均株価の構成銘柄の一つ。

２０１２年に、王子製紙（3代目）の社名変更によ

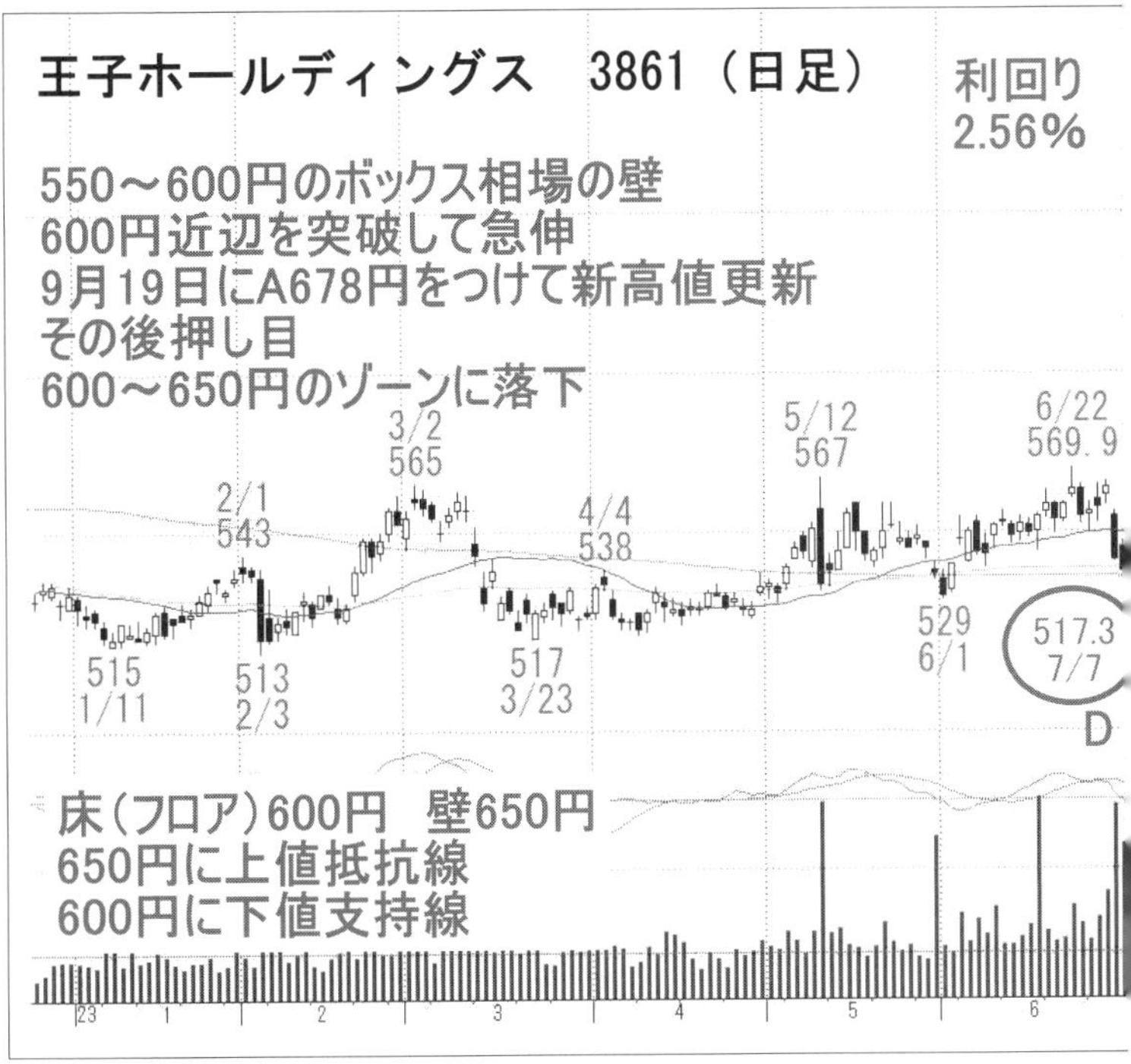
王子ホールディングス　3861（日足）
利回り
2.56%
550～600円のボックス相場の壁
600円近辺を突破して急伸
9月19日にA678円をつけて新高値更新
その後押し目
600～650円のゾーンに落下
3/2
565
2/1
543
4/4
538
5/12
567
6/22
569.9
515
1/11
513
2/3
517
3/23
529
6/1
517.3
7/7
D
床（フロア）600円　壁650円
650円に上値抵抗線
600円に下値支持線

り発足。これに併せて会社分割により事業部門を王子製紙（4代目）を始めとする子会社へ移管し、王子グループは純粋持ち株会社体制となった。

王子グループは、産業資材、生活消費財、機能材、資源環境ビジネス、印刷情報メディアをはじめ多様な事業カンパニーを抱え、現在では海外売上高比率が30%を超えるグローバル企業へと成長している。

5020

# ENEOSホールディングス

東証 PRM

石油・石炭製品

ポイント

①高配当の資源関連株

②インフレ関連の注目株

2023年10月10日現在

O 559.0
H 560.8
L 545.3
C 549.2
△ 27.2
34903.7
A
9/15
642.3
B
8/10
549.8
504.9
8/17
509.5
10/5
C
600円
550円
500円
450円
月15日にA642円をつけて
高値更新 その後急落
0～600円のゾーンから
0～550円のゾーンに落下
(フロア)500円　壁550円
0円に上値抵抗線
0円に下値支持線
10%
GCV
-10%
1000万
8
9
10


ENEOSは2017年4月に、JXエネルギーと東燃ゼネラル石油が経営統合して発足。国内燃料油の販売シェアは2019年度実績47%で国内1位。

世界的な低炭素社会への加速、ESGやSDGsに

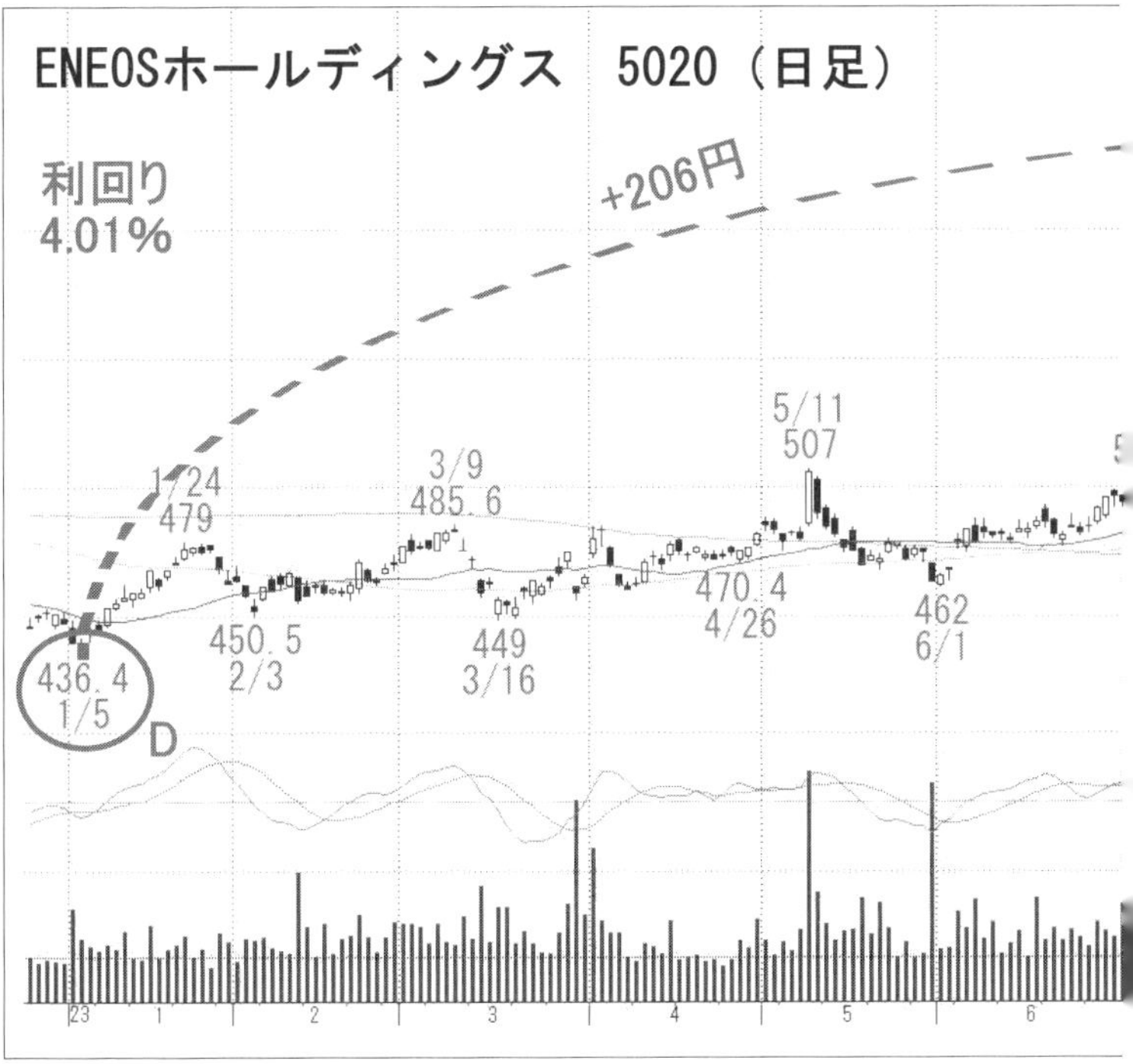
ENEOSホールディングス　5020（日足）
利回り
4.01%
+206円
436.4
1/5
D
1/24
479
450.5
2/3
3/9
485.6
449
3/16
470.4
4/26
5/11
507
462
6/1
23
1
2
3
4
5
6

代表される企業の社会的責任に対する気運の高まり、さらに国内の燃料油需要の減少など、石油販売事業は現状の延長線上では生き残れなくなっている。そこで2014年、水素ステーションの営業を開始。水素供給インフラ構築への取り組みを進めている。

また最近、NECから承継したEV用充電サービス事業の運営を開始し、脱石油事業を積極的に推進している。

# 5108

# ブリヂストン

東証 PRM

ゴム製品

ポイント

①タイヤで世界ナンバーワン。M&Aも強化

②高利回り、好業績で連続増配

2023年10月10日現在

O 5935
H 5979
L 5906
C 5917
△ 62.0
V1807.8
A
9/20
6134
8/2
5983
6000円
マド
第2波
?
5627
10/4
5500円
5474
8/16
C
C’
5000円
月20日にA6134円をつけて
新高値更新 その後押し目
500～6000円のゾーン
床（フロア）5500円　壁6000円
000円に上値抵抗線
500円に下値支持線
上昇第2波あるなら目標値
000円近辺
10%
GCV
-10%
100万
8
9
10


世界最大のタイヤメーカー。売り上げの約8割はタイヤ。乗用車用、小型トラック用、トラック・バス用タイヤをはじめ、航空機用、建設・鉱山車両用、モーターサイクル用、農業機械用、産業車両用など、幅広い種

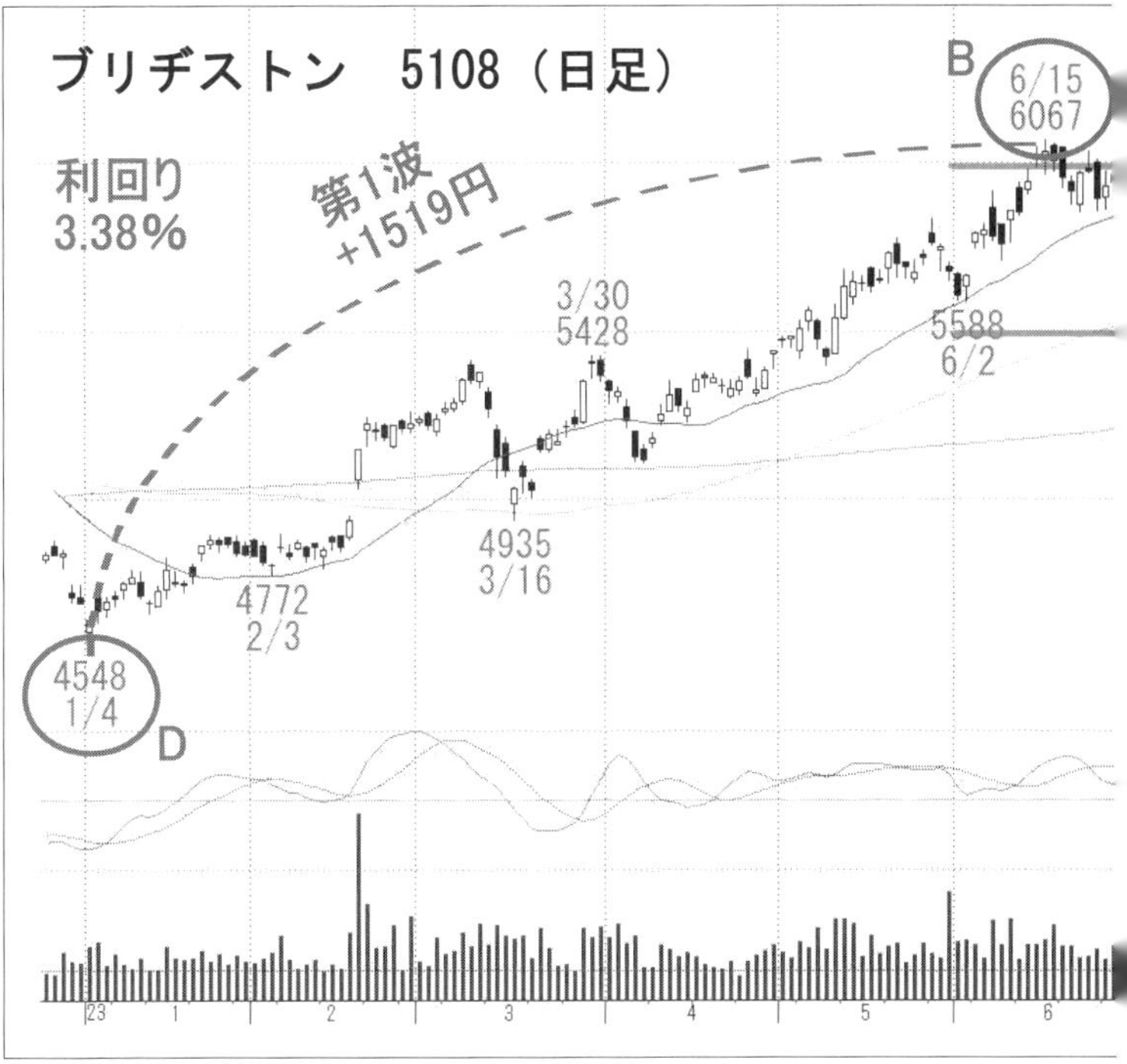
ブリヂストン　5108（日足）
利回り
3.38%
第1波
+1519円
B
6/15
6067
3/30
5428
5588
6/2
4935
3/16
4772
2/3
4548
1/4
D
23
1
2
3
4
5
6

類のタイヤを世界中で製造販売している。

　国内での売り上げは2割にも満たず、もはやブリヂストンは、海外での売り上げが主力。なかでもアメリカでの販売は約5割を占め、ブリヂストンの売り上げを支えている。

　タイヤ以外では、自動車用シートパッド、コンベヤベルト、免震ゴムといった自動車用部品や産業資材、建設資材などの商品も提供している。

## 5334

# 日本特殊陶業

東証 PRM

ガラス・土石製品

ポイント

①自動車用プラグ、排気系センサー世界一で断トツの強み

②売上構成海外78％円安メリット株

2023年10月10日現在

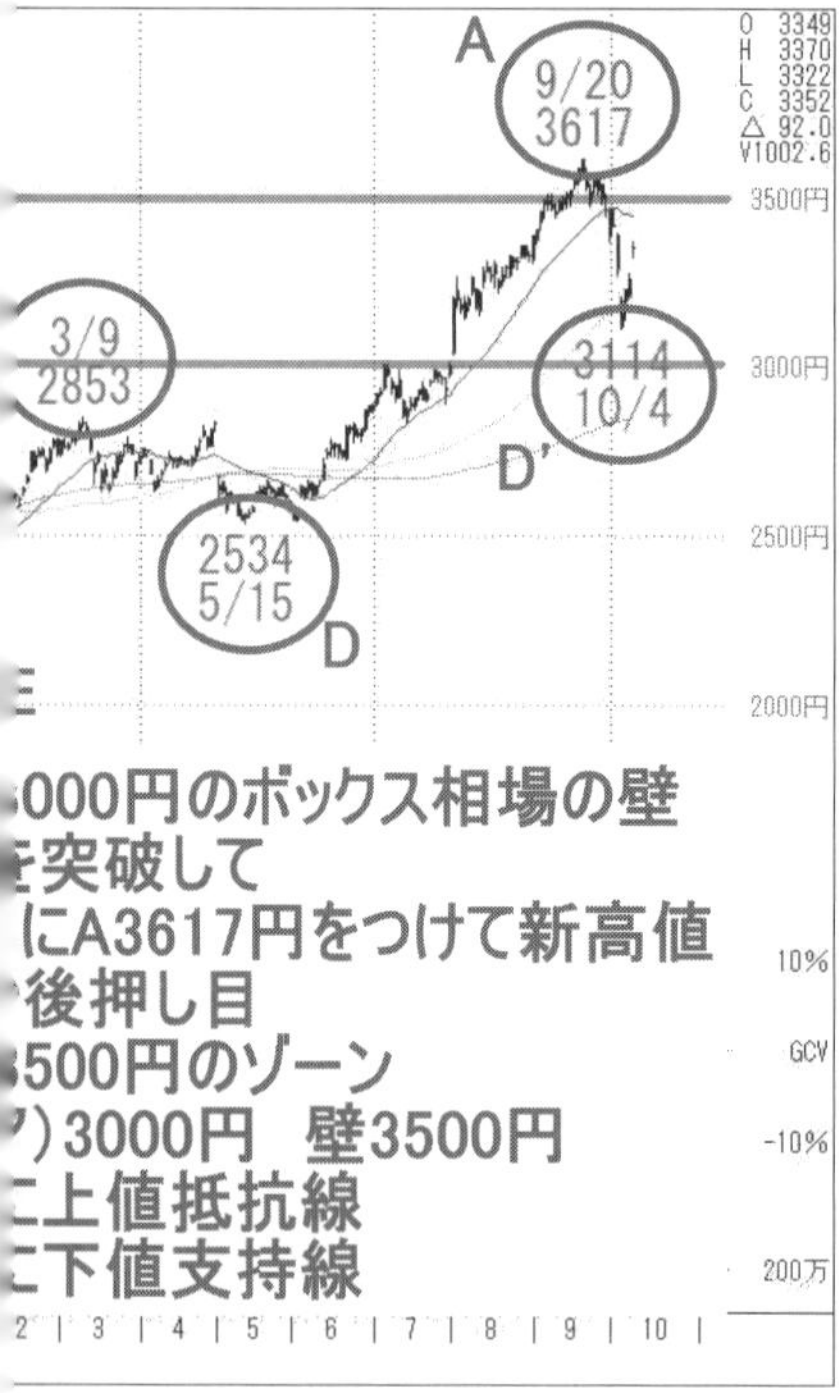

O 3349
H 3370
L 3322
C 3352
△ 92.0
V1002.6
A
9/20
3617
3/9
2853
3114
10/4
D'
2534
5/15
D
3500円
3000円
2500円
2000円
000円のボックス相場の壁
を突破して
にA3617円をつけて新高値
後押し目
500円のゾーン
）3000円　壁3500円
上値抵抗線
下値支持線
10%
GCV
-10%
200万
2 3 4 5 6 7 8 9 10


日本碍子（日本ガイシ）の事業部からスパークプラグの立ち上がりに応じて独立。商標は、スパークプラグでは日本ガイシの商標である「NGKスパークプラグ」を引き続き使用しているが、それ以外では「NT

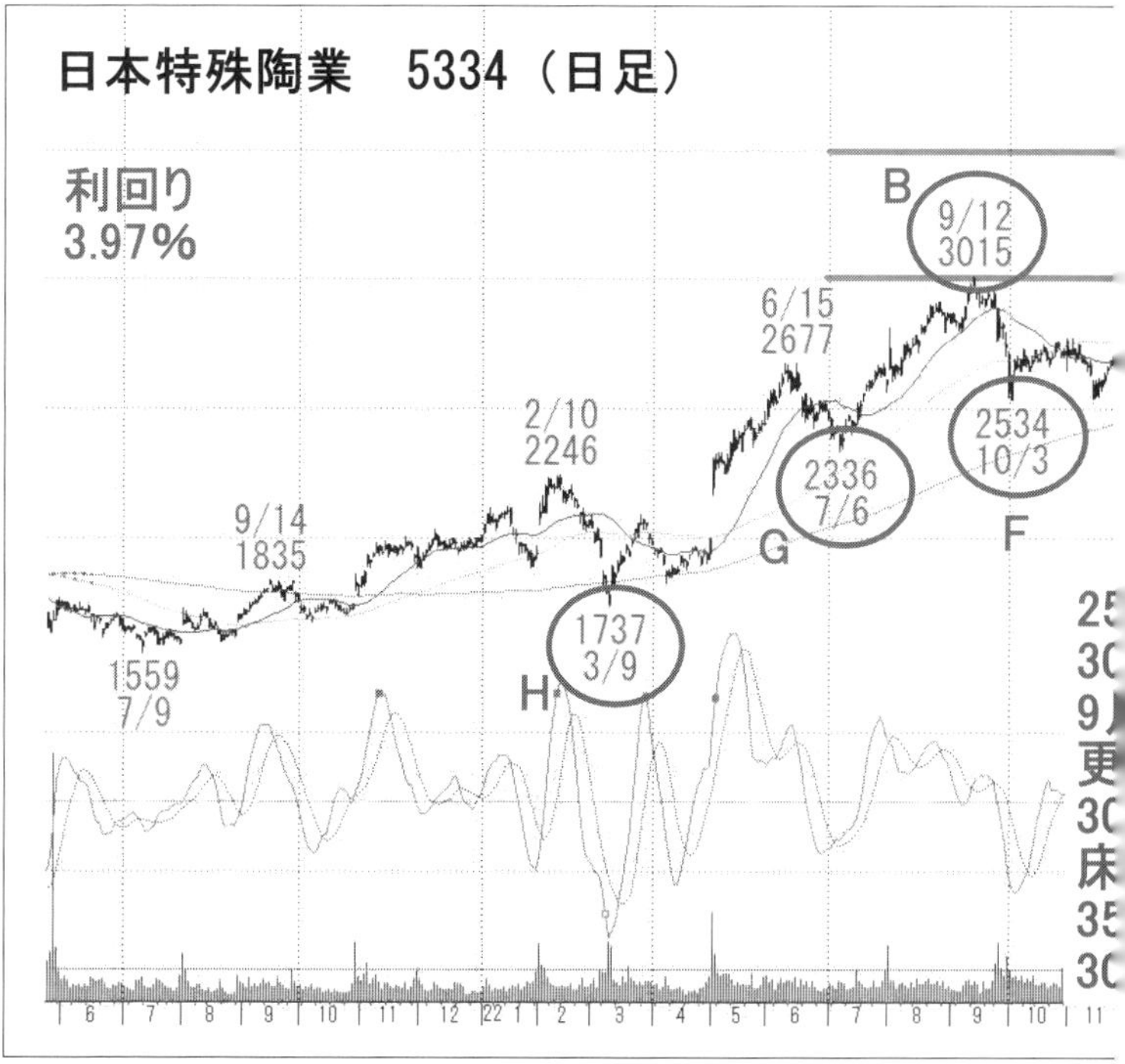
日本特殊陶業　5334（日足）
利回り
3.97%
B
9/12
3015
6/15
2677
2/10
2246
9/14
1835
2336
7/6
2534
10/3
G
F
1737
3/9
H
1559
7/9
6 7 8 9 10 11 12 22 1 2 3 4 5 6 7 8 9 10 11

Kニューセラミック」を使用。

　スパークプラグ、車載用酸素センサー、超音波振動子、セラミック切削工具の世界シェアトップ。

　主力製品であるスパークプラグは、世界のほぼすべての自動車メーカーに採用されており、F1等のモータースポーツでも、多くのチームに採用されている。

　9月20日に3617円で新高値更新。

5901

# 東洋製罐グループホールディングス

東証 PRM

金属製品

ポイント

①飲料缶、ペットボトルなどのトップメーカー
②インバウンド関連の注目株

2023年10月10日現在

A
9/19
2802
O 2551
H 2569
L 2506
C 2550
▼ 15.0
V 894.1
2500円
2439
9/29
B
5
2000円
10%
GCV
-10%
50万
8
9
10


包装容器で首位の金属製品メーカー東洋製罐などを傘下に持つ持ち株会社。2013年に東洋製罐株式会社が持ち株会社に移行し、商号変更した。

（新）東洋製罐株式会社は、東洋製罐グループの中核事

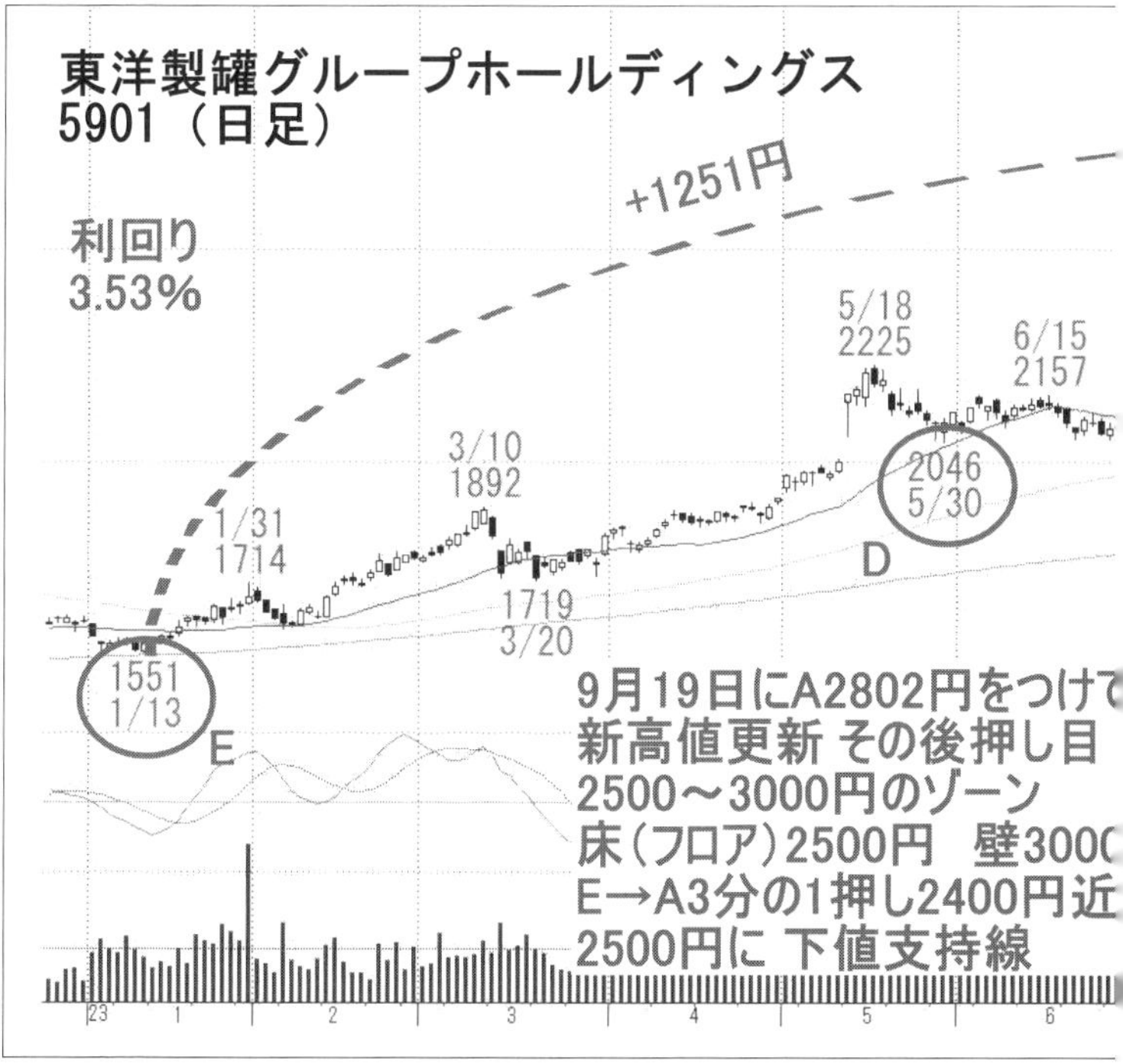
東洋製罐グループホールディングス
5901（日足）
+1251円
利回り
3.53%
5/18
2225
6/15
2157
3/10
1892
1/31
1714
2046
5/30
D
1719
3/20
1551
1/13
E
9月19日にA2802円をつけて
新高値更新 その後押し目
2500～3000円のゾーン
床（フロア）2500円　壁3000
E→A3分の1押し2400円近
2500円に 下値支持線
23
1
2
3
4
5
6

業会社であり、日本最大手の金属製品メーカー。

「包みのテクノロジー」を基軸として、環境にやさしい生活文化の発展を目指してペットボトル・缶・プラスチック・金属の包装容器などを製造。飲料容器で世界有数で、業界最大手。日本初の自動製缶設備による製缶を開始した。

9月19日に2802円をつけて新高値をつけたあと、押し目。

7203

# トヨタ自動車

東証 PRM

輸送用機器

ポイント

①自動車生産で世界トップ級

②円安メリット株

2023年10月10日現在

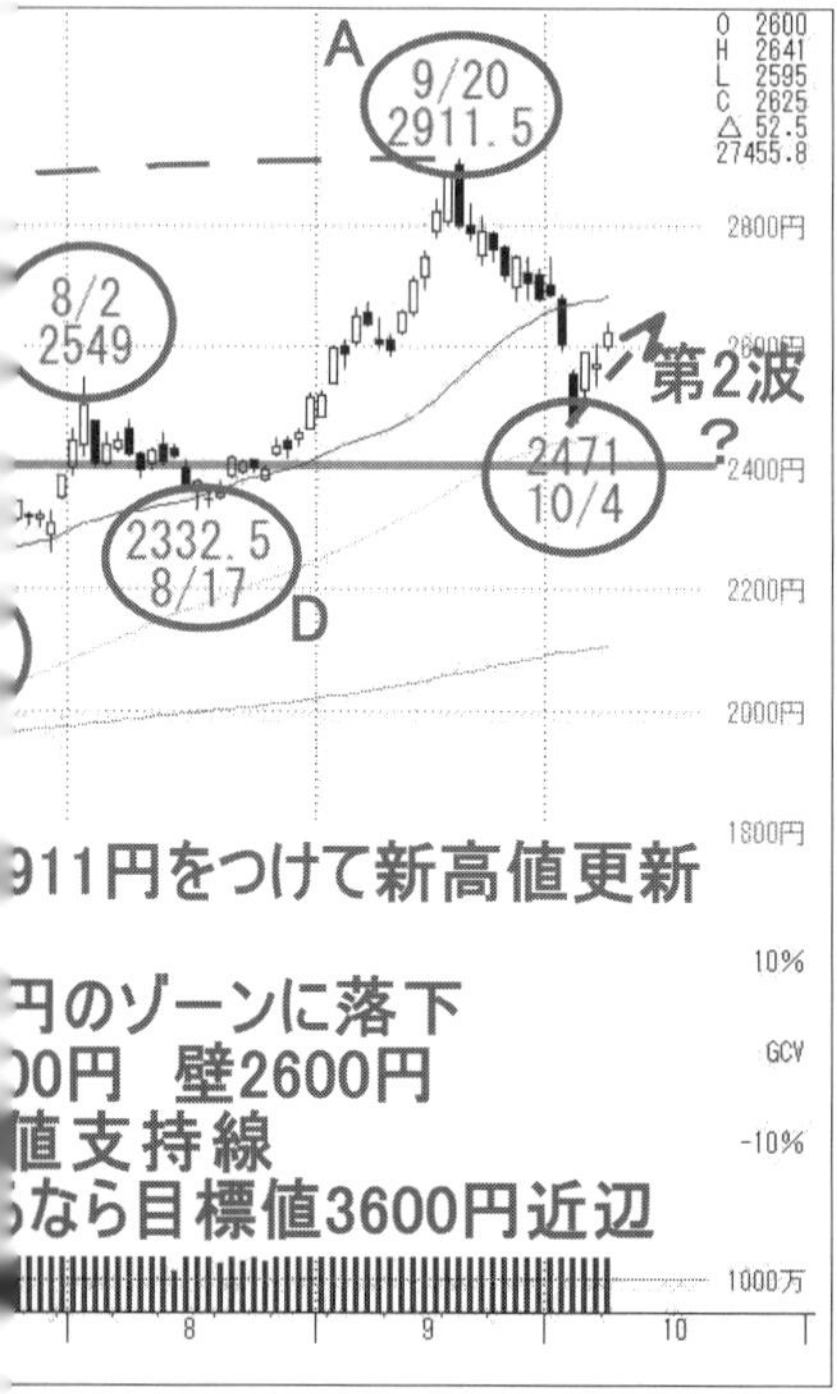

O 2600
H 2641
L 2595
C 2625
△ 52.5
27455.8
A
9/20
2911.5
8/2
2549
第2波
?
2471
10/4
2332.5
8/17
D
2800円
2600円
2400円
2200円
2000円
1800円
911円をつけて新高値更新
円のゾーンに落下
00円　壁2600円
値支持線
らなら目標値3600円近辺
10%
GCV
-10%
1000万
8
9
10


全世界での自動車生産台数が８００万台を超え、２０２３年度の営業利益は37兆円を見込む世界最大の自動車メーカー。

ＥＵや中国を中心に世界各国が電気自動車（ＥＶ）にシフトするなか、トヨタ

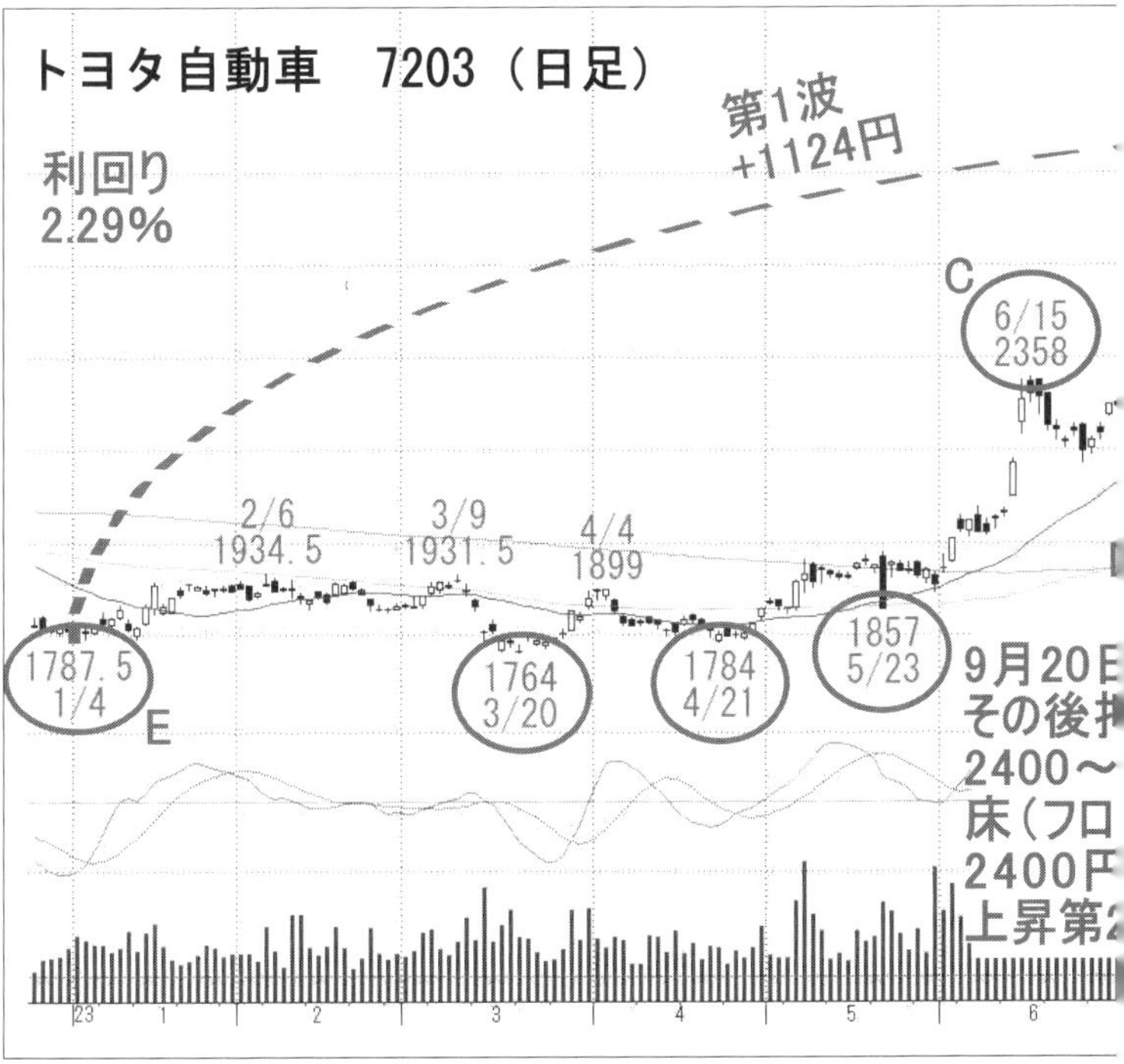
トヨタ自動車　7203（日足）
第1波
+1124円
利回り
2.29%
C
6/15
2358
2/6
1934.5
3/9
1931.5
4/4
1899
1787.5
1/4
E
1764
3/20
1784
4/21
1857
5/23
9月20E
その後押
2400～
床（フロ
2400円
上昇第2
23
1
2
3
4
5
6

は、ＥＶの開発では出遅れているが、圧倒的な技術優位にあるＰＨＥＶなどのハイブリッド車、水素自動車、燃料電池車など多角的なアプローチで二酸化炭素削減に取り組む。

ＥＶの分野では全個体電池の開発を急ぐ。

9月20日に新高値２９１1円をつけてその後押し目。

上昇第2波の目標値は３６００円近辺か。

## 7267
# ホンダ

東証 PRM

輸送用機器

ポイント

①二輪車世界一。ホンダの社名はオートバイ市場のブランド。円安メリット株

②PBR1倍割れで高配当、自社株買いの強化へ

2023年10月10日現在

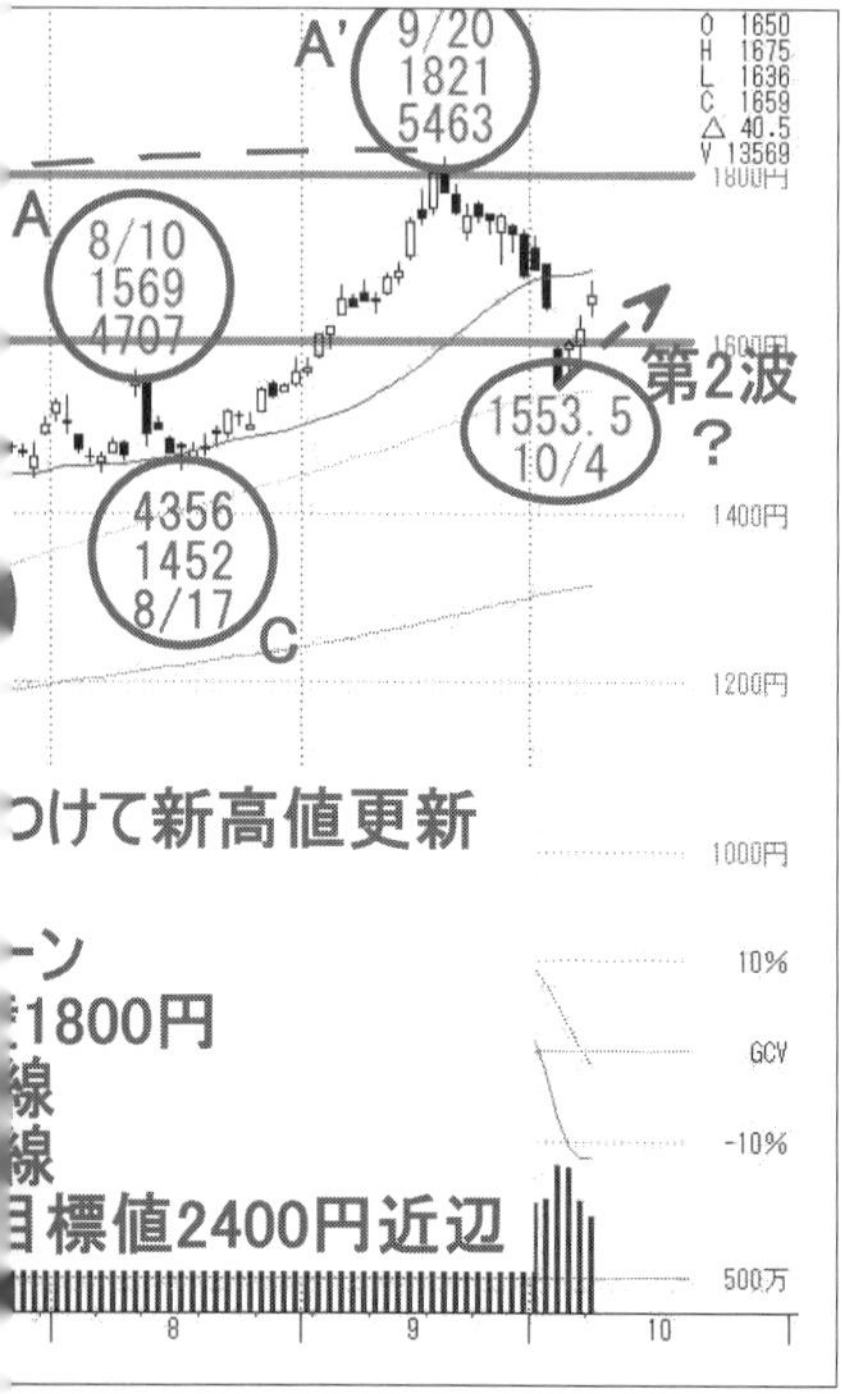

A'
9/20
1821
5463
O 1650
H 1675
L 1636
C 1659
△ 40.5
V 13569
1800円
A
8/10
1569
4707
1600円
第2波
?
1553.5
10/4
4356
1452
8/17
C
1400円
1200円
つけて新高値更新
1000円
ーン
1800円
線
線
目標値2400円近辺
10%
GCV
-10%
500万
8
9
10


本田宗一郎が1946年に創業。オートバイ、自動車およびライフクリエーション事業（耕耘機・芝刈機・除雪機・発電機・船外機）が主要事業。

新規事業として小型ジェット機のホンダジェットを

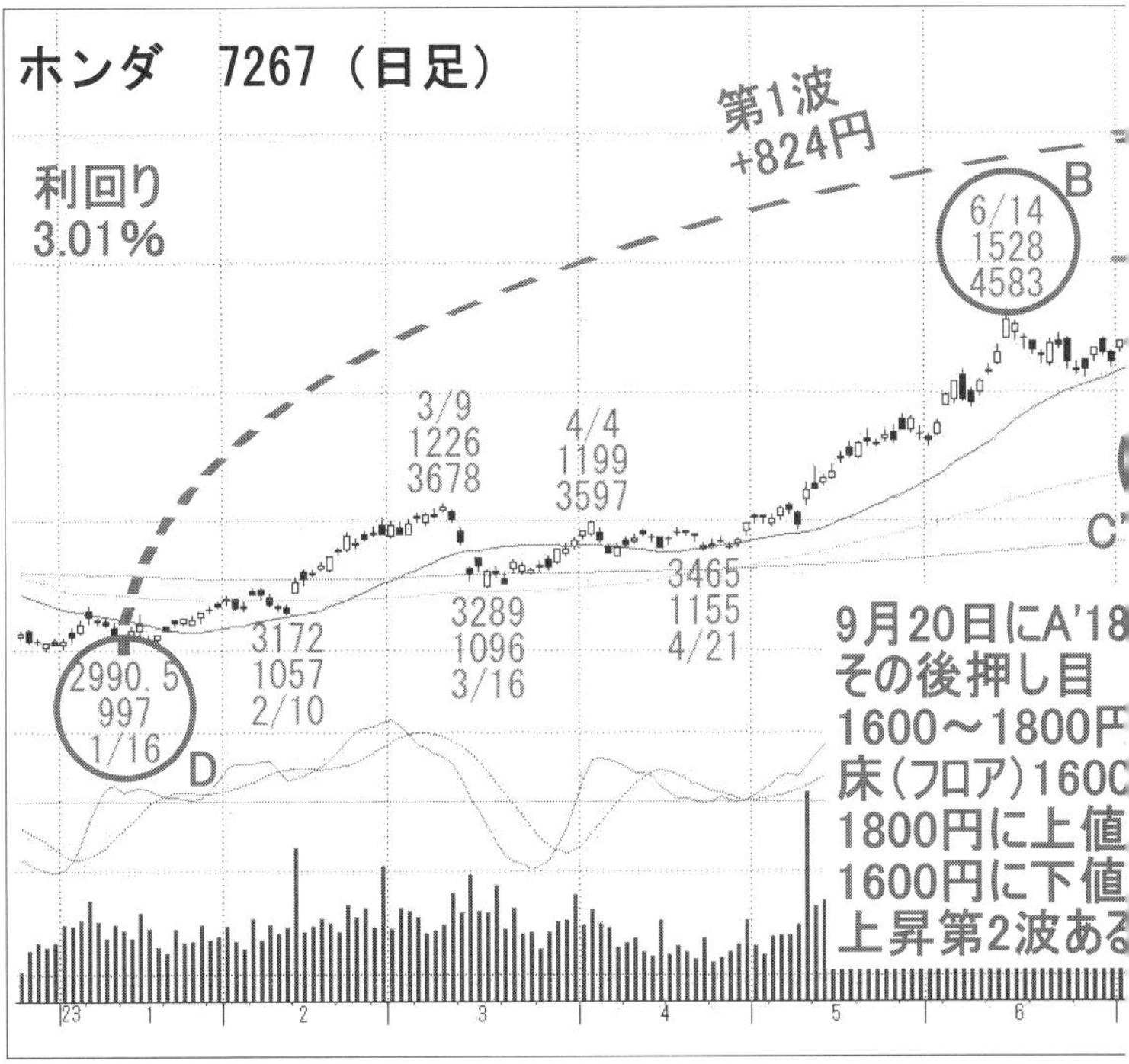

ホンダ　7267（日足）
利回り
3.01%
第1波
+824円
6/14
1528
4583
B
3/9
1226
3678
4/4
1199
3597
C'
3465
1155
4/21
3172
1057
2/10
3289
1096
3/16
2990.5
997
1/16
D
9月20日にA'18
その後押し目
1600～1800円
床（フロア）1600
1800円に上値
1600円に下値
上昇第2波ある
23
1
2
3
4
5
6


開発販売し、ベストセラーとなっている。ホンダジェットに使用するエンジンもGEと共同で開発した。また、「ASIMO」に代表される各種ロボティクス機器の研究開発なども展開。

トヨタ同様、EVの開発では出遅れたが、1970年代にアメリカでマスキー法が成立し、CVCCエンジンを開発して厳しい環境規制をクリアするなどその技術力には定評がある。

9101

# 日本郵船

東証 PRM

海運業

ポイント

①海運の名門。円安メリット株のエース
②好業績、高配当で個人投資家の人気も高い

2023年10月10日現在

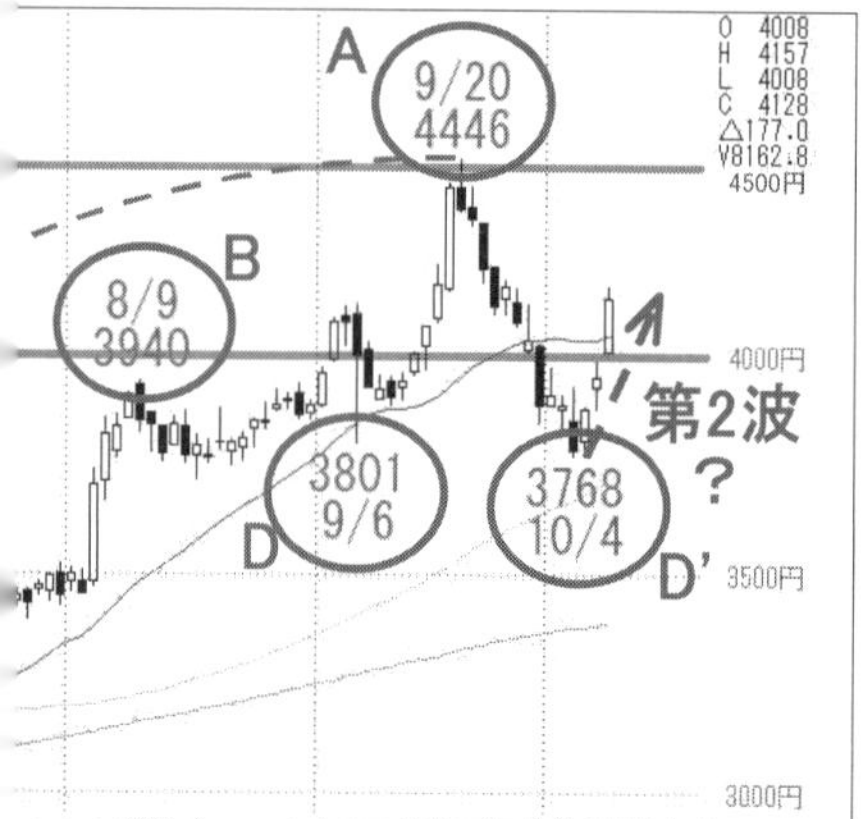
O 4008
H 4157
L 4008
C 4128
△177.0
V8162.8
4500円
4000円
3500円
3000円
A
9/20
4446
B
8/9
3940
3801
9/6
D
3768
10/4
D’
第2波
？

446円をつけて新高値更新
00～4000円のゾーンから
円のゾーンに突入
00円　壁4500円
値抵抗線
値支持線
ム底入れから上昇第2波へ!?
円近辺

ＮＹＫで知られる日本海運のフラグシップ企業。運航船舶数規模、連結売上高および連結純利益で日本で1位。世界でも有数の海運会社。

コンテナ船は2018年4月に事業統合し、稼ぎ頭

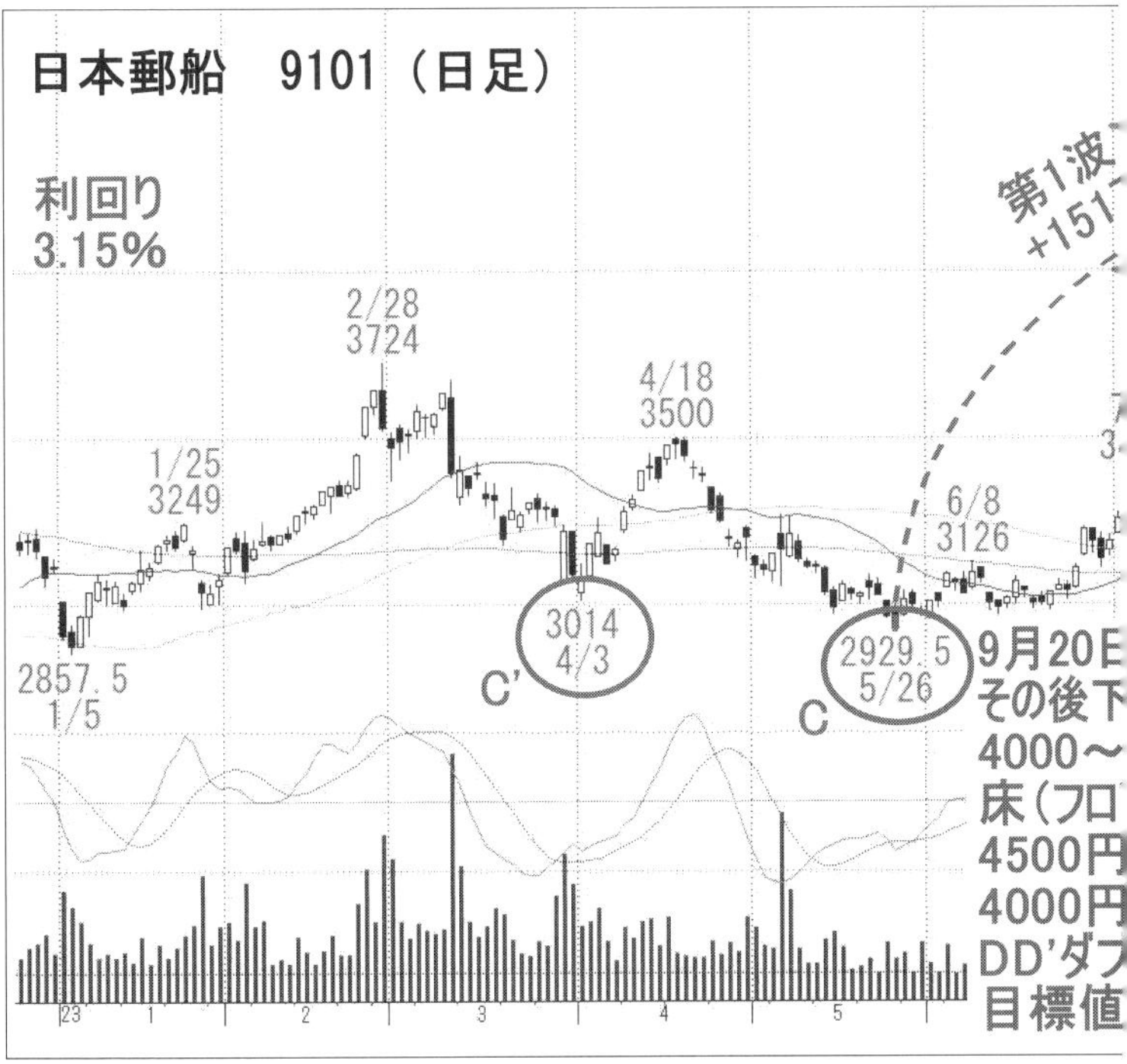
日本郵船　9101（日足）
利回り
3.15%
2/28
3724
1/25
3249
4/18
3500
6/8
3126
2857.5
1/5
3014
4/3
C'
2929.5
5/26
C
第1波
+151
9月20日
その後下
4000〜
床（フロ
4500円
4000円
DD'ダブ
目標値
23
1
2
3
4
5

に。コロナ禍による世界的なロジスティクスの混乱に加えてウクライナ戦争によって、世界的に海運業の役割が大きくなっている。海運業の株価もＴＯＰＩＸ業種別指数において全業種中で値上がり率トップとなっている。傘下に郵船ロジや日本貨物航空（ＮＣＡ）をおさめ、陸運・空運を強化して、総合物流企業を目指す。

９月20日に４４４６円をつけて新高値。

# 1332

# ニッスイ

東証PRM

水産・農林業

**ポイント**

①水産大手、食品関連の注目株

②最高純益更新の好業績、高利回り株

2023年10月10日現在

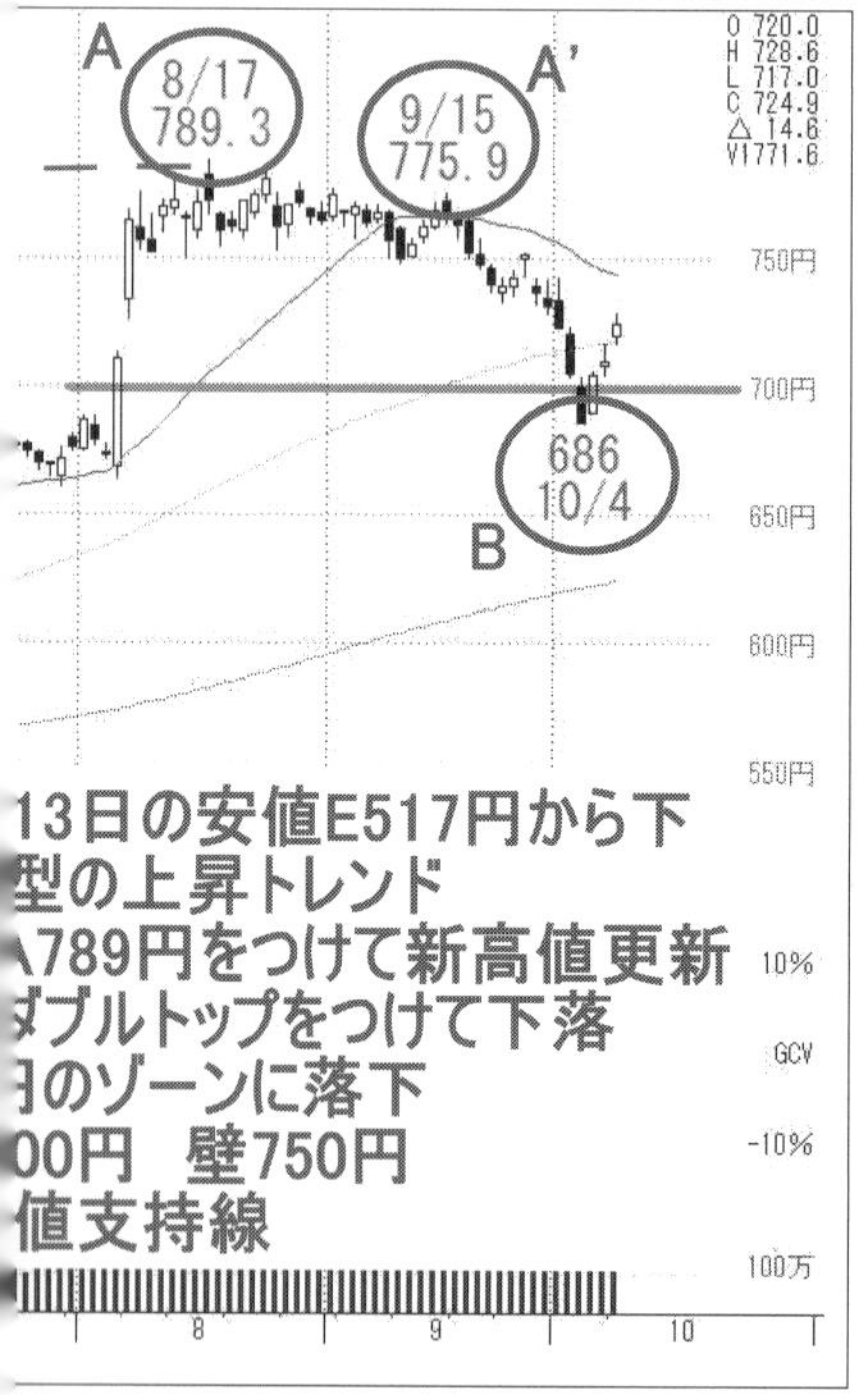

A
8/17
789.3
A'
9/15
775.9
686
10/4
B
O 720.0
H 728.6
L 717.0
C 724.9
△ 14.6
V1771.6
750円
700円
650円
600円
550円
13日の安値E517円から下
型の上昇トレンド
789円をつけて新高値更新
ブルトップをつけて下落
のゾーンに落下
00円　壁750円
値支持線
10%
GCV
-10%
100万
8
9
10


２０２２年に日本水産株式会社から商号変更。１９９０年代前半までは自社で遠洋漁業を行っていたが撤退。

水産事業、加工事業、物流事業、医薬品事業や船舶の建造・修繕および運航と

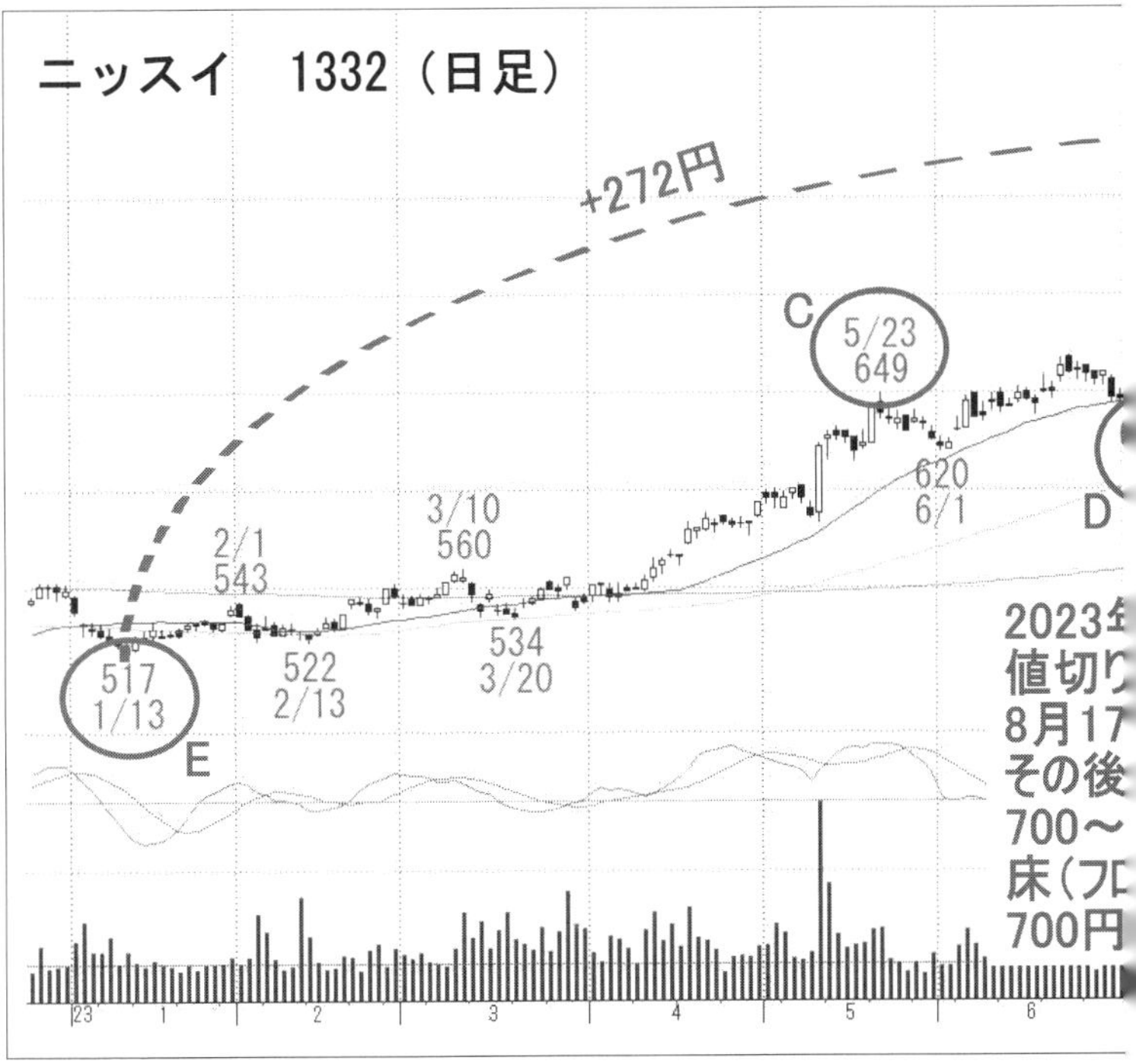
ニッスイ　1332（日足）
+272円
C
5/23
649
620
6/1
D
3/10
560
2/1
543
534
3/20
522
2/13
517
1/13
E
2023年
値切り
8月17
その後
700～
床（フロ
700円
23
1
2
3
4
5
6

プラント機材他の販売を行っている。

売上規模では同業2社が経営統合したマルハニチロに次ぐものの、ファインケミカル事業による高純度エイコサペンタエン酸の医薬品向け原料供給により、水産業のなかでは収益性が高い。機能性表示食品事業も展開している。

8月17日と9月15日にダブルトップをつけて、その後下落。700円に下値支持線。

# 2269

# 明治ホールディングス

東証 PRM

食料品

ポイント

①インバウンド関連の有望株

②食品、医療品ともに伸びる二刀流銘柄

2023年10月10日現在

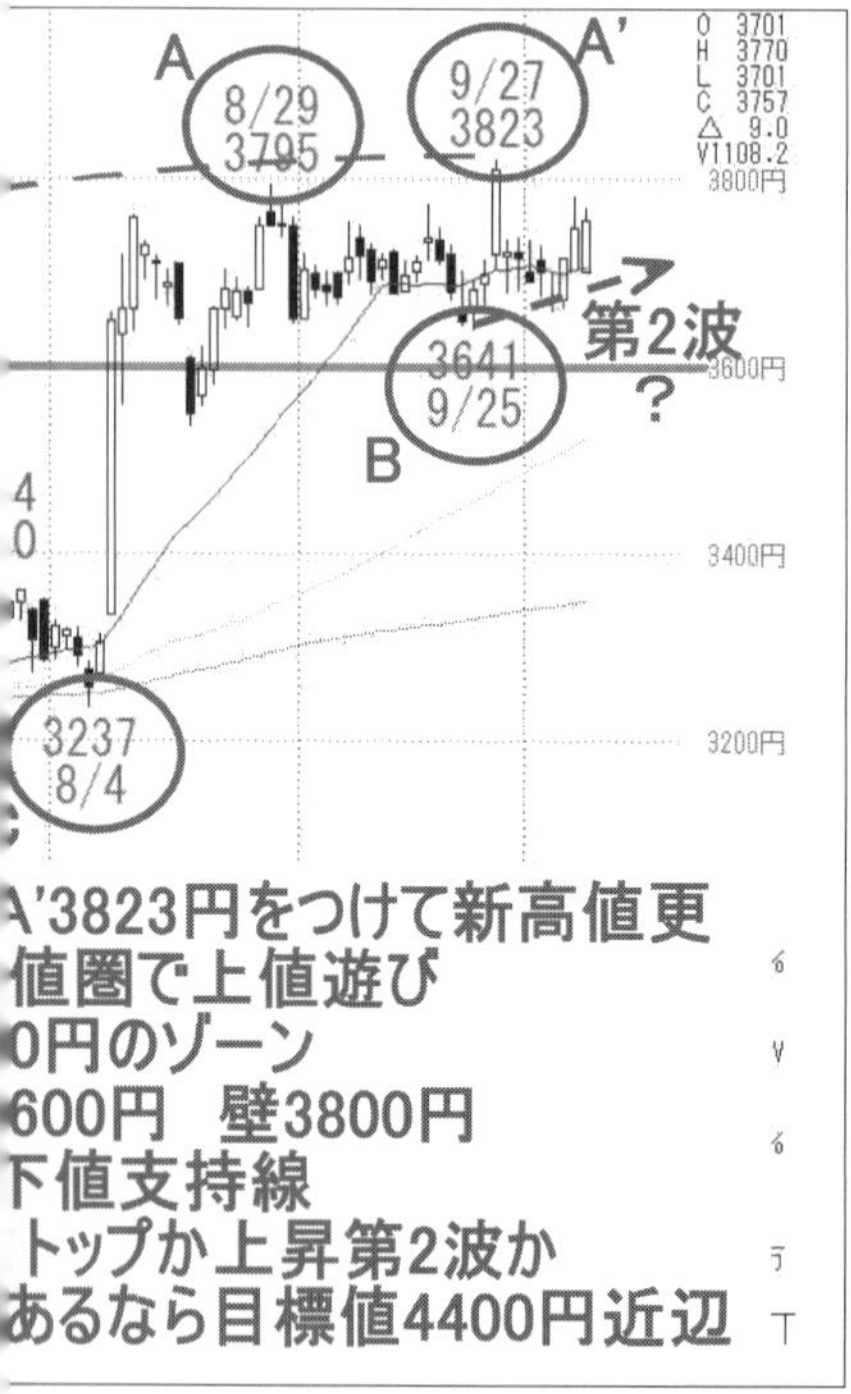
A
8/29
3795
9/27
3823
A'
O 3701
H 3770
L 3701
C 3757
△ 9.0
V1108.2
3800円
第2波
?
3641
9/25
B
3600円
3400円
3200円
3237
8/4
A'3823円をつけて新高値更
値圏で上値遊び
0円のゾーン
600円　壁3800円
下値支持線
トップか上昇第2波か
あるなら目標値4400円近辺

２００９年に食品メーカーの明治、製薬会社のＭｅｉｊｉ Ｓｅｉｋａファルマを傘下に持つ持株会社として設立。

前身企業である明治乳業・明治製菓は、共に旧・明治製糖から派生した企業。

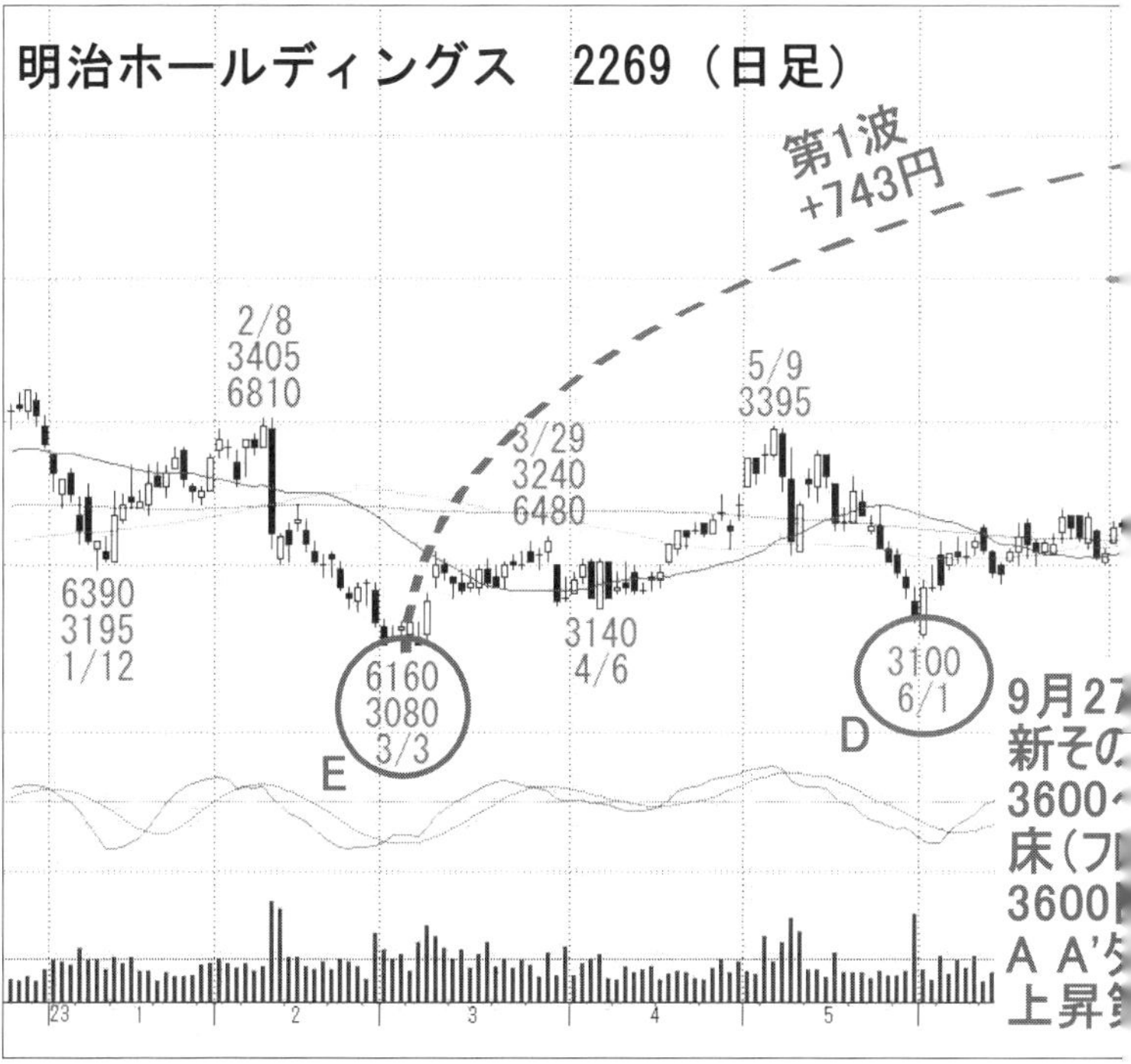

明治ホールディングス　2269（日足）
第1波
+743円
2/8
3405
6810
5/9
3395
3/29
3240
6480
6390
3195
1/12
6160
3080
3/3
E
3140
4/6
3100
6/1
D
23
1
2
3
4
5


持株会社の発足後、２年以内のできるだけ早い時期に再編を進めていくことを公表していたが、リーマンショック後の世界経済の混乱のなかで原材料価格の高騰もあり、経営統合を加速させ、２０１０年９月に行われた明治ＨＤの記者会見で明乳・明菓のグループ事業再編、並びにそれに伴う傘下会社の社名変更を発表した。

新高値をつけたあと高値圏で上値遊び。

## 2593

# 伊藤園

東証 PRM

食料品

ポイント

①インバウンド関連の有望株

②猛暑で業績好調、飲料水の最大手「お〜いお茶」で知られる

2023年10月10日現在

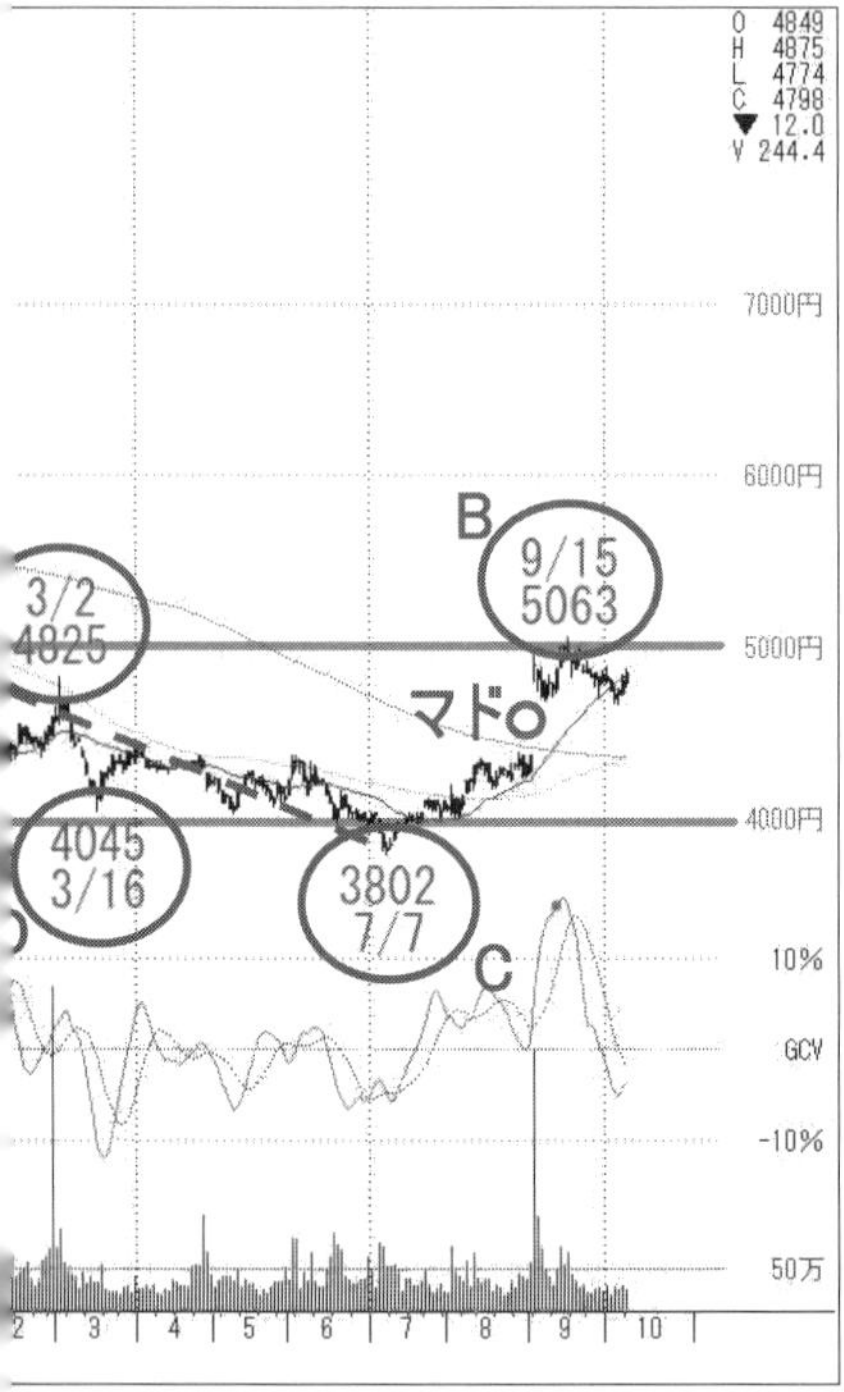

O 4849
H 4875
L 4774
C 4798
▼ 12.0
V 244.4
7000円
6000円
5000円
4000円
B
9/15
5063
3/2
4825
マドo
4045
3/16
3802
7/7
C
10%
GCV
-10%
50万
2
3
4
5
6
7
8
9
10


１９６６年の創業以来、緑茶、ほうじ茶、ウーロン茶、紅茶、麦茶などの「茶葉」や「ティーバッグ」「インスタント」製品の開発や、原料の仕入れ、加工、包装、販売までを手掛ける。茶系飲料では有名な「お〜

伊藤園　2593（日足）
A
A'
9/17
7850
11/16
7810
6/25
6950
2/16
6890
-4048円
8/2
6590
5970
12/3
4935
4/18
5060
10/28
CDダブルボトム底入れから
上にマドをあけて上昇開始か！
4000～5000円のボックス相場の壁
5000円の壁を突破して
5000～6000円のゾーンに入るか！？
A→C半値戻しの5800円近辺が当面の壁

いお茶」ブランドをはじめ、「1日分の野菜」ブランドなどの野菜飲料、「TULLY'S COFFEE」ブランドなどのコーヒー飲料、ミネラルウォーター、炭酸飲料、乳飲料の開発や、原料の仕入れ、加工、販売を手掛けている。

なお、飲料化（ボトリング）に関しては、飲料製造企業に委託する「ファブレス方式」（沖縄を除く）を採用。

# 2695

# くら寿司

東証 PRM

小売業

ポイント

①回転寿司で米国やアジア、海外成長続く

②インバウンド、消費関連の注目株

2023年10月10日現在

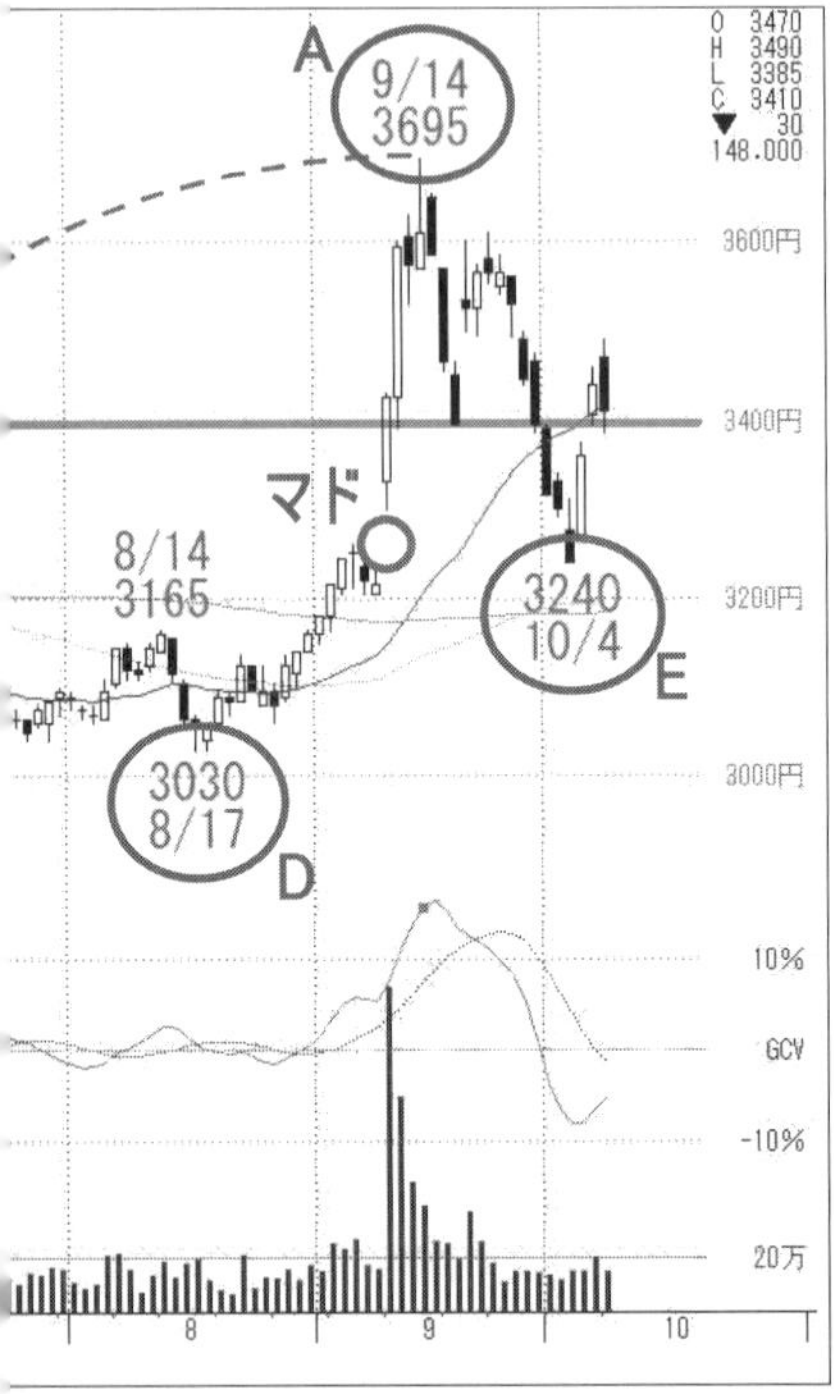

O 3470
H 3490
L 3385
C 3410
▼ 30
148.000
A
9/14
3695
3600円
3400円
マド
8/14
3165
3240
10/4
E
3200円
3000円
3030
8/17
D
10%
GCV
-10%
20万
8
9
10


回転寿司チェーン大手。「さび抜き」「E型レーン」「ラーメン」などを業界で初めて導入するなど回転寿司界の革命児。

食後の皿はカウンターに設けたポケットに入れれば、洗い場まで水で運ばれる

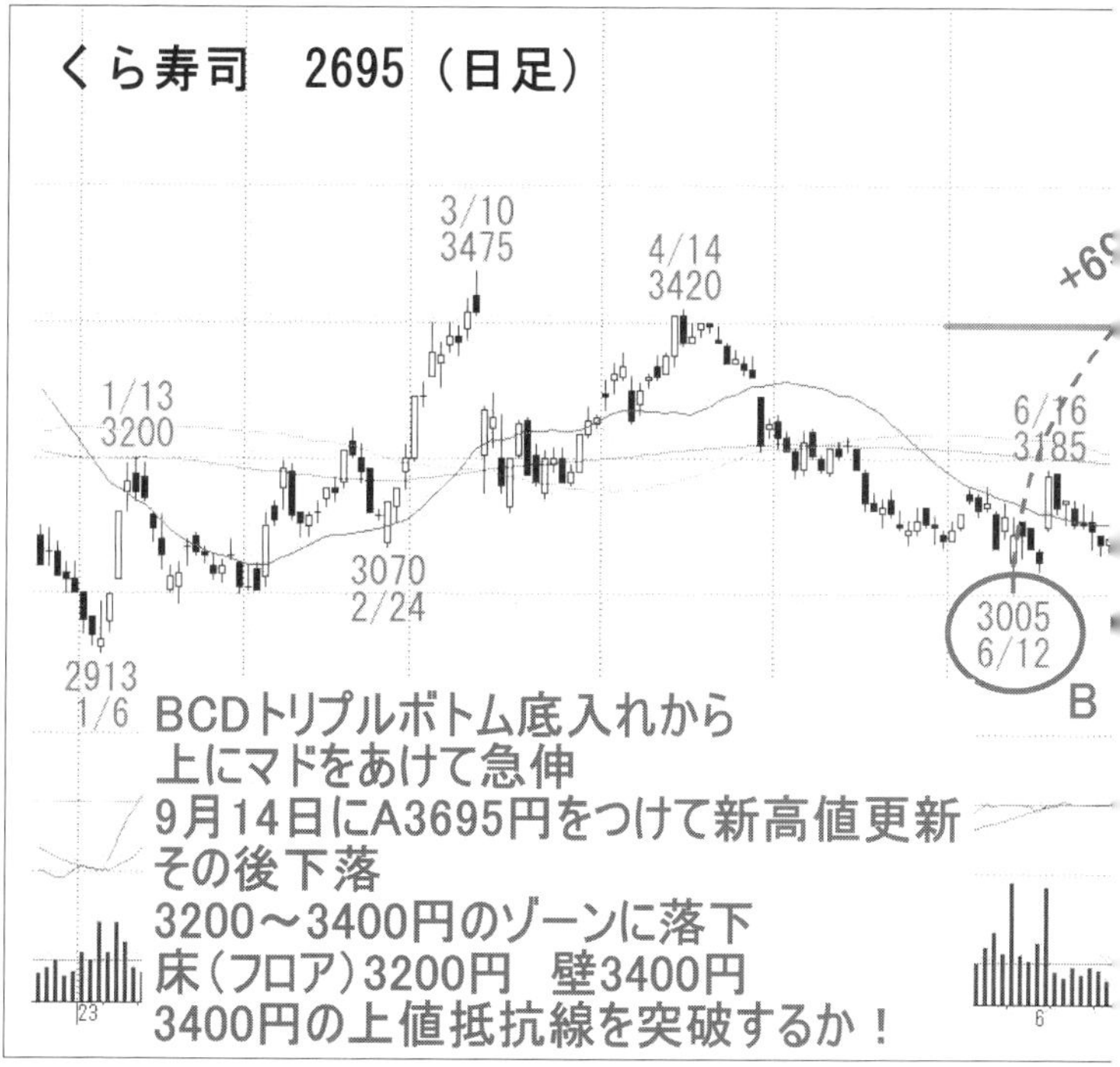
くら寿司　2695（日足）
3/10
3475
4/14
3420
1/13
3200
6/16
3185
3070
2/24
2913
1/6
3005
6/12
B
BCDトリプルボトム底入れから
上にマドをあけて急伸
9月14日にA3695円をつけて新高値更新
その後下落
3200〜3400円のゾーンに落下
床（フロア）3200円　壁3400円
3400円の上値抵抗線を突破するか！

『皿カウンター水回収システム』を考案など顧客の利便性を追求。コロナ禍などの影響で、レーンを回さない店が増える中、回転寿司はエンターテインメントととらえる経営方針のもとくら寿司はレーンを回し続けている。

海外進出にも積極的で、すでに進出済みの米国と台湾のほか、新たにアジアの国にも進出して店舗網を広げる見込み。

# 3300

# アンビションＤＸホールディングス

東証 GRT

不動産業

ポイント

①インフレ関連の穴株（ダークホース）
②ＡＩ利用、ＤＸ推進の不動産関連の注目株

2023年10月10日現在

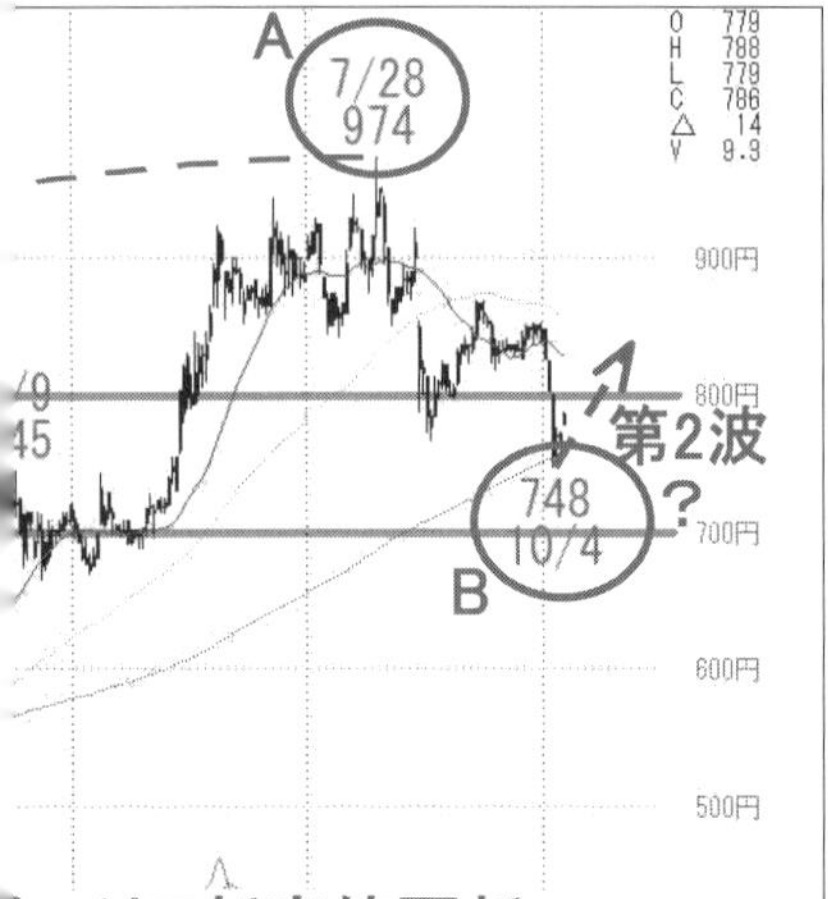

A
7/28
974
O 779
H 788
L 779
C 786
△ 14
V 9.9
900円
800円
700円
600円
500円
第2波
?
748
10/4
B
10%
GCV
-10%
5万


をつけて新高値更新

ーン
800円
線
線
目標値1300円近辺

デジタルとリアルを融合した新しい不動産ビジネスを展開。

主力のリアルな不動産業を展開しつつ、不動産ビジネスを一気通貫で効率化できるＤＸプラットフォームを構築し、快適な住まい体

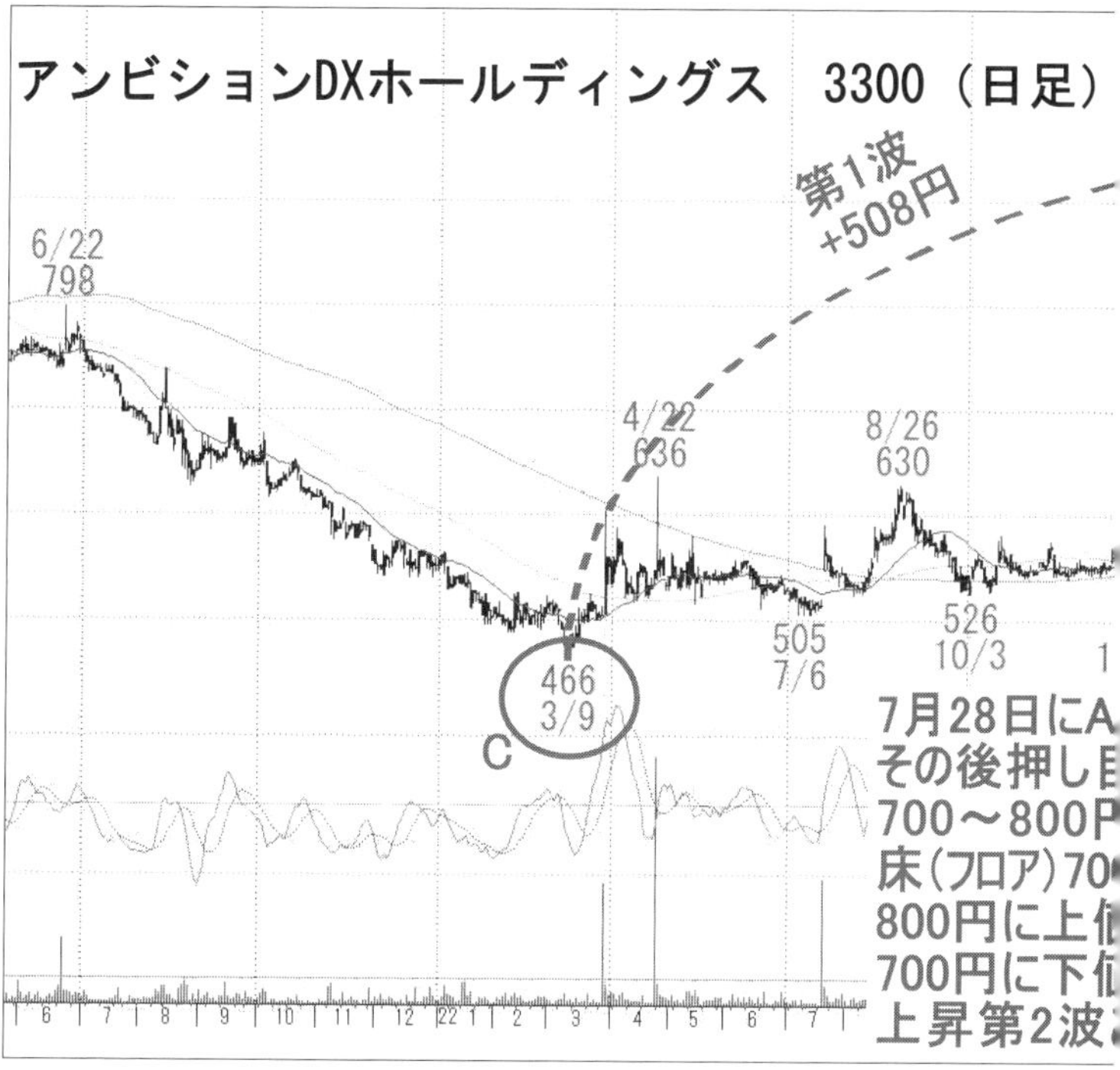
アンビションDXホールディングス　3300（日足）
第1波
+508円
6/22
798
4/22
636
8/26
630
505
7/6
526
10/3
466
3/9
C
7月28日にA
その後押し
700～800
床（フロア）70
800円に上
700円に下
上昇第2波
6
7
8
9
10
11
12
22
1
2
3
4
5
6
7

験の提供を目指す。

　不動産所有のオーナーにはは収益管理や物件管理のDXにより、負荷削減と収益性の向上。お部屋を探している人には店舗に行かず直接物件を借りることができるセルフ内見。入居者には非対面での契約手続き、管理会社にはバラバラだった顧客体験をワンストップに連携など、デジタルとリアルを統合した不動産デジタルプラットフォーマーを目指す。

4344

# ソースネクスト

東証 PRM

情報・通信

**ポイント**

①ポケトーク、さんまさんの広告でおなじみの会社

②ソフトバンクと業務提携して業績、株価が化けるか!!

2023年10月10日現在

O 178
H 180
L 176
C 178
△ 1
752.200
300円
250円
200円
150円
B
5/8
237
7/27
227
183
5/25
171
10/5
E
F
30%
GCV
-30%
500万
2
3
4
5
6
7
8
9
10

PCソフト・スマートフォンアプリ・ハードウェアの販売・開発会社。

２０１７年に発売を開始した携帯型翻訳機「ポケトーク」は、日本語・英語・中国語など世界の63言語に対応し、61の国・地域で使

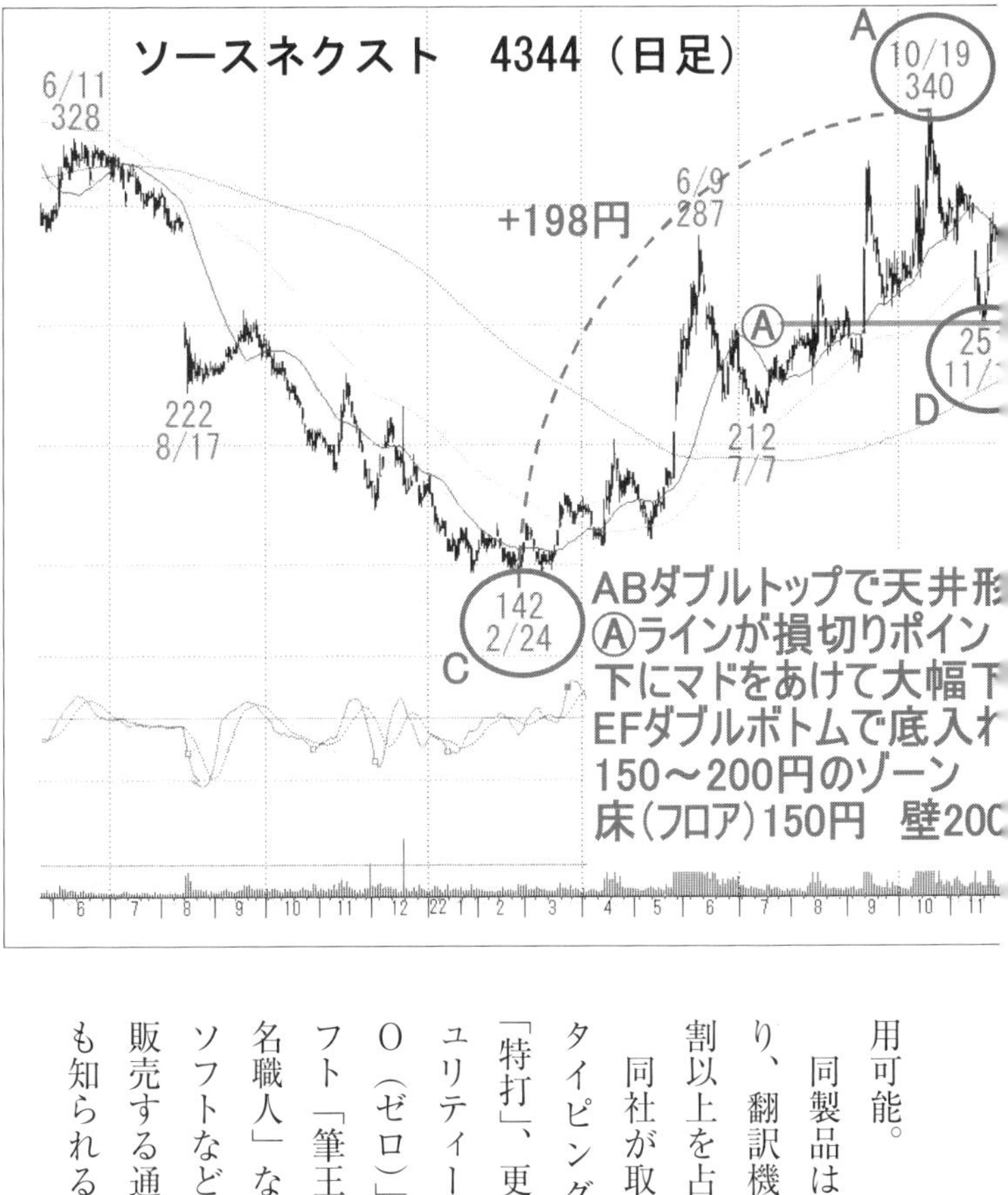
ソースネクスト　4344（日足）
6/11
328
222
8/17
+198円
6/9
287
A
10/19
340
Ⓐ
212
7/7
142
2/24
C
D
ABダブルトップで天井形
Ⓐラインが損切りポイン
下にマドをあけて大幅下
EFダブルボトムで底入れ
150～200円のゾーン
床（フロア）150円　壁200
6
7
8
9
10
11
12
22
1
2
3
4
5
6
7
8
9
10
11

用可能。

同製品はヒット商品となり、翻訳機市場でシェア9割以上を占める。

同社が取り扱うソフトは、タイピング練習ソフトの「特打」、更新料無料のセキュリティーソフト「ZERO（ゼロ）」、はがき作成ソフト「筆王」「筆まめ」「宛名職人」などがあり、PCソフトなどを中心に格安で販売する通販サイトとしても知られる。

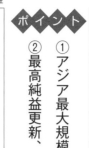

2023年10月10日現在

O 1177
H 1189
L 1157
C 1182
△ 16
V 301.9
1500円
1400円
1300円
1200円
9/12
1413
C
8/14
1322
1185
8/17
D
1150
10/5
E
10%
GCV
-10%
20万
8
9
10

# 6058

# ベクトル

東証 PRM

サービス業

ポイント

①アジア最大規模のPR会社、アジアのマーケットを席巻
②最高純益更新、業績好調の超割安株

スマートフォンやSNSの普及で、テレビや新聞などの旧来メディアにアプローチしなくても、低コストでかつスピーディに情報を直接個人に届けることができる時代になっている。

この情報革命の時代に対

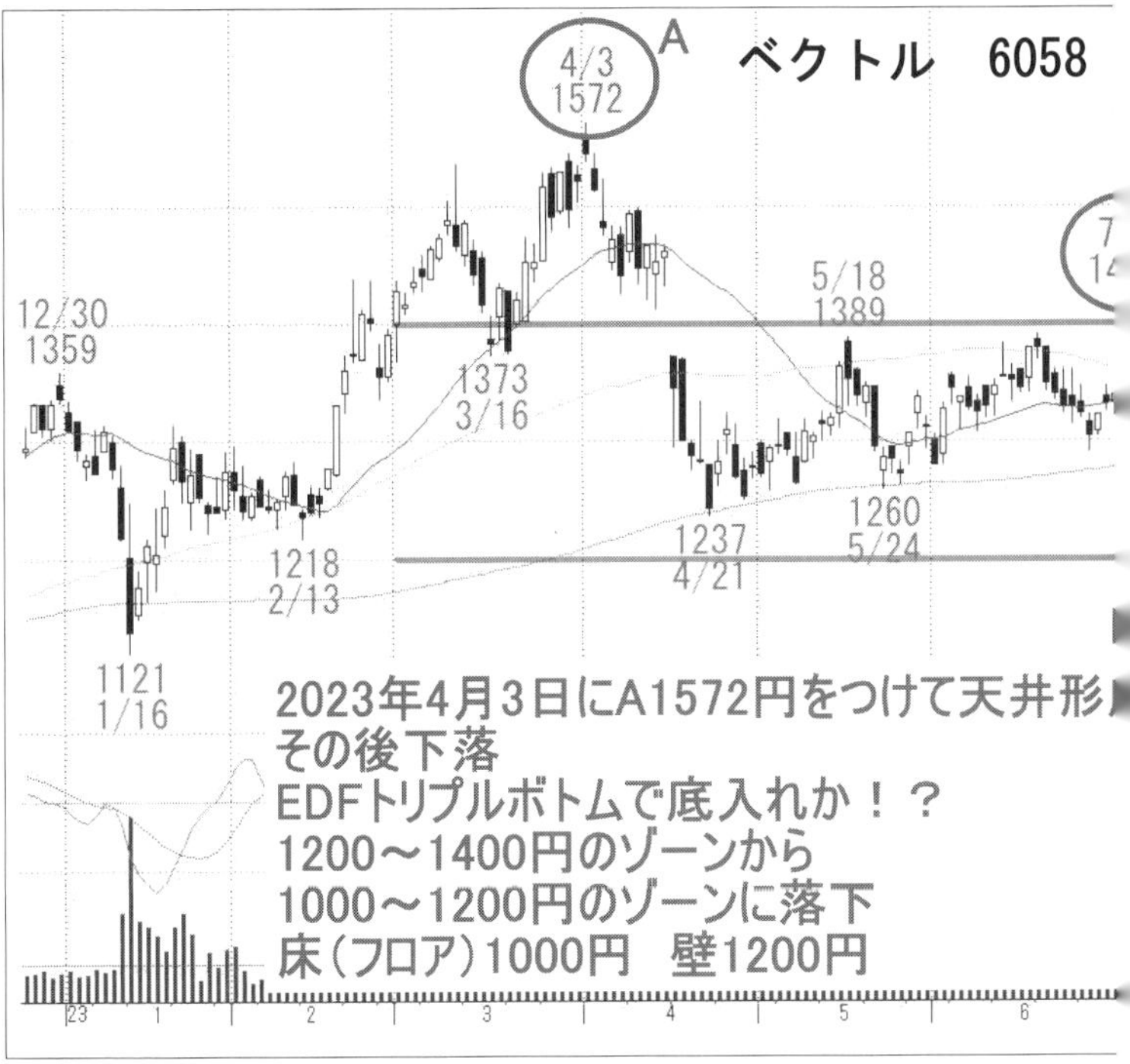

A
ベクトル　6058
4/3
1572
12/30
1359
5/18
1389
1373
3/16
1260
5/24
1237
4/21
1218
2/13
1121
1/16
2023年4月3日にA1572円をつけて天井形
その後下落
EDFトリプルボトムで底入れか！？
1200～1400円のゾーンから
1000～1200円のゾーンに落下
床（フロア）1000円　壁1200円
23
1
2
3
4
5
6


応するべく、「モノを広めるＦＡＳＴ　ＣＯＭＰＡＮＹ」というコンセプトで、ＰＲ事業、デジタルマーケティング事業、インベストメントベンチャー事業など幅広い事業ドメインをベースに、総合的なコミュニケーション立案からアウトプットまでワンストップで提供。

４月３日に１５７２円をつけてその後下落。１２００円が壁に。

# 7211

# 三菱自動車

東証 PRM

輸送用機器

ポイント

①EV（電気自動車）で活路

②円安メリット株。売上構成海外78%

2023年10月10日現在

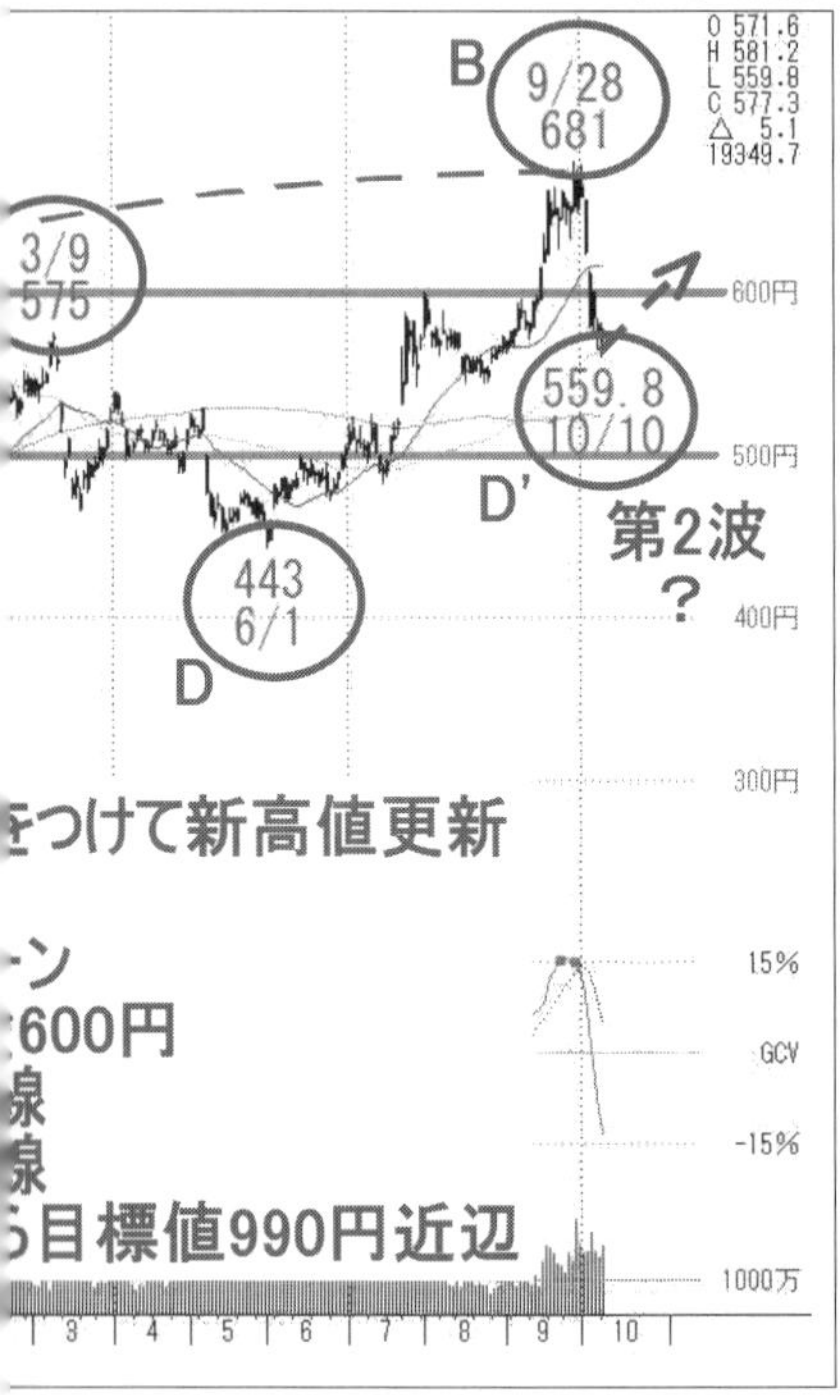

O 571.6
H 581.2
L 559.8
C 577.3
△ 5.1
19349.7
B
9/28
681
3/9
575
559.8
10/10
D'
第2波
？
443
6/1
D
600円
500円
400円
300円
をつけて新高値更新
ーン
600円
線
線
う目標値990円近辺
15%
GCV
-15%
1000万
3
4
5
6
7
8
9
10


1970年に三菱重工業から独立した日本の自動車メーカー。

2000年以降にリコール隠しが相次いで発覚し、経営危機に直面。その後2016年4月にも軽自動車4車種の燃費試験に使うデ

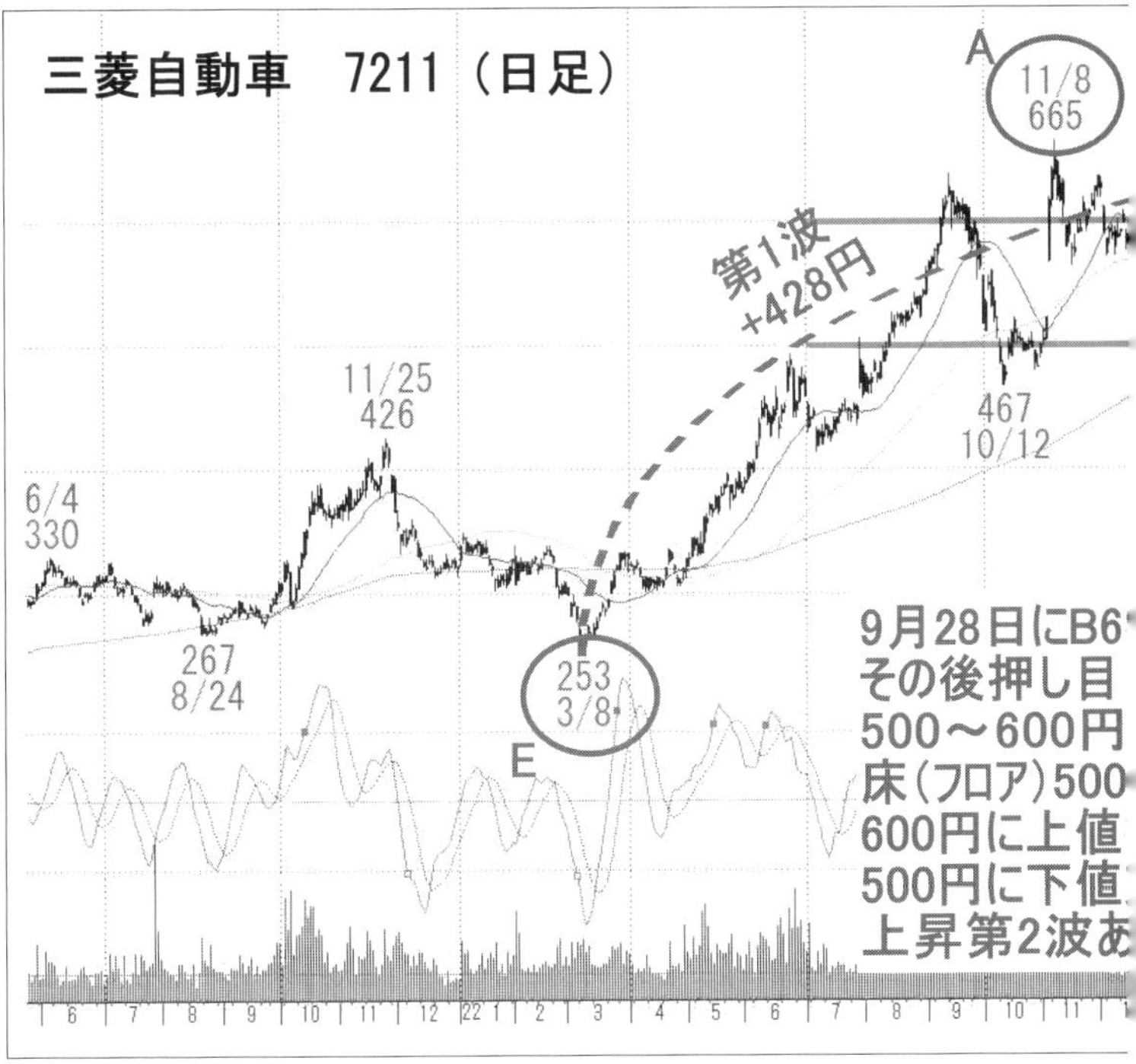
三菱自動車　7211（日足）
A
11/8
665
第1波
+428円
11/25
426
6/4
330
467
10/12
267
8/24
253
3/8
E
9月28日にB6
その後押し目
500～600円
床（フロア）500
600円に上値
500円に下値
上昇第2波あ
6
7
8
9
10
11
12
22
1
2
3
4
5
6
7
8
9
10
11

ータの恣意的改ざんが問題となり、同年10月に日産自動車が筆頭株主となり、日産自動車とフランスのルノーと共にルノー・日産・三菱アライアンスを構成している。

三菱自動車は、2009年に世界初の量産型EVとなる「i－MiEV」を発売。2022年、日産と共同開発したEVの軽自動車「サクラ」が人気となって販売好調。

7261

# マツダ

東証 PRM

輸送用機器

ポイント

①ロータリーエンジンで強いブランド企業、円安メリット株

②EV（電気自動車）にも注力

2023年10月10日現在

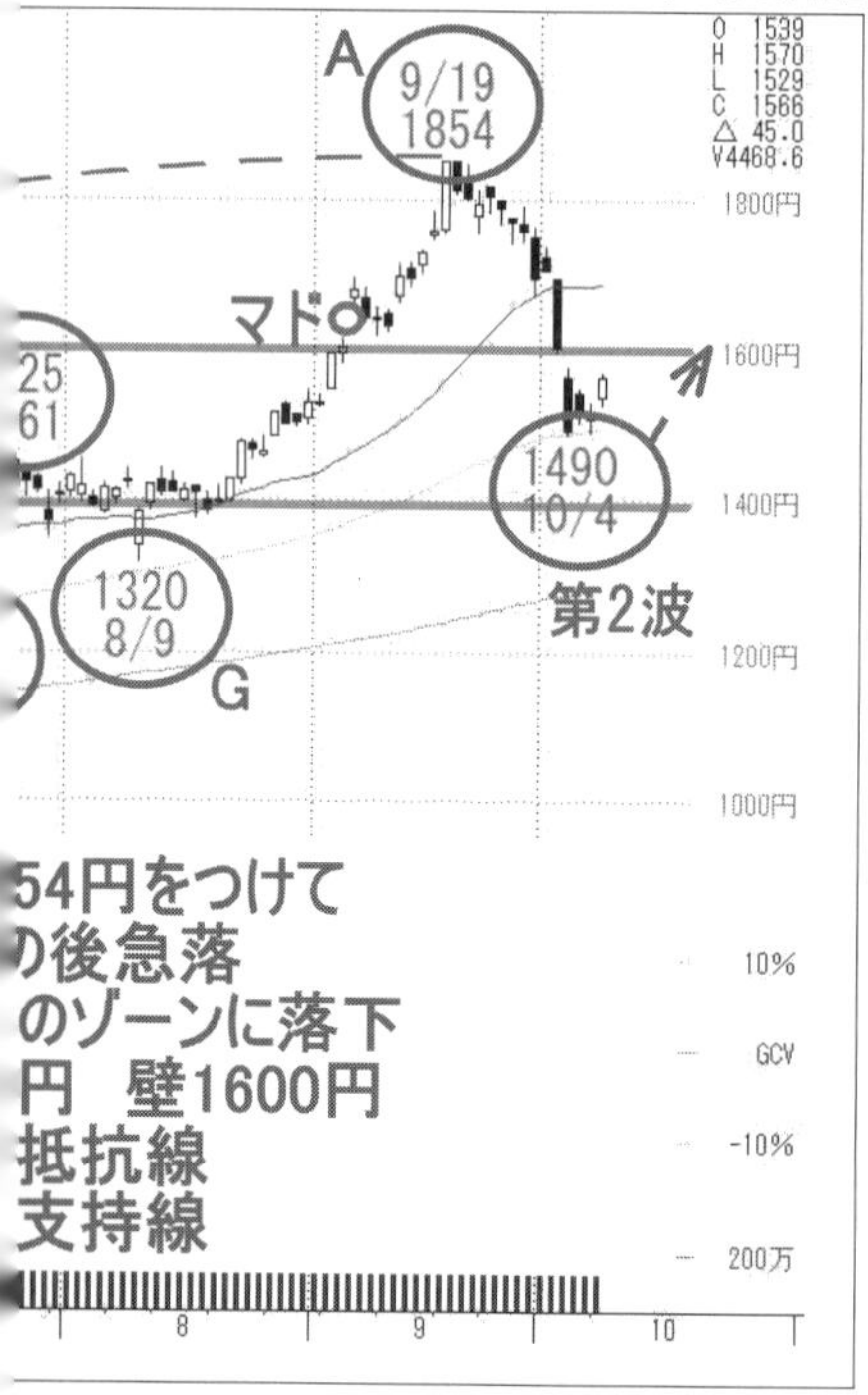
A
9/19
1854
G
1320
8/9
1490
10/4
第2波
マドｏ
1800円
1600円
1400円
1200円
1000円
54円をつけて
の後急落
のゾーンに落下
円　壁1600円
抵抗線
支持線
10%
GCV
-10%
200万
8
9
10

世界で初めてロータリーエンジンを搭載した自動車を実用化したことで知られる自動車メーカー。

「2人乗り小型オープンスポーツカー」ロードスターは生産累計世界一としてギネス世界記録の認定を受け

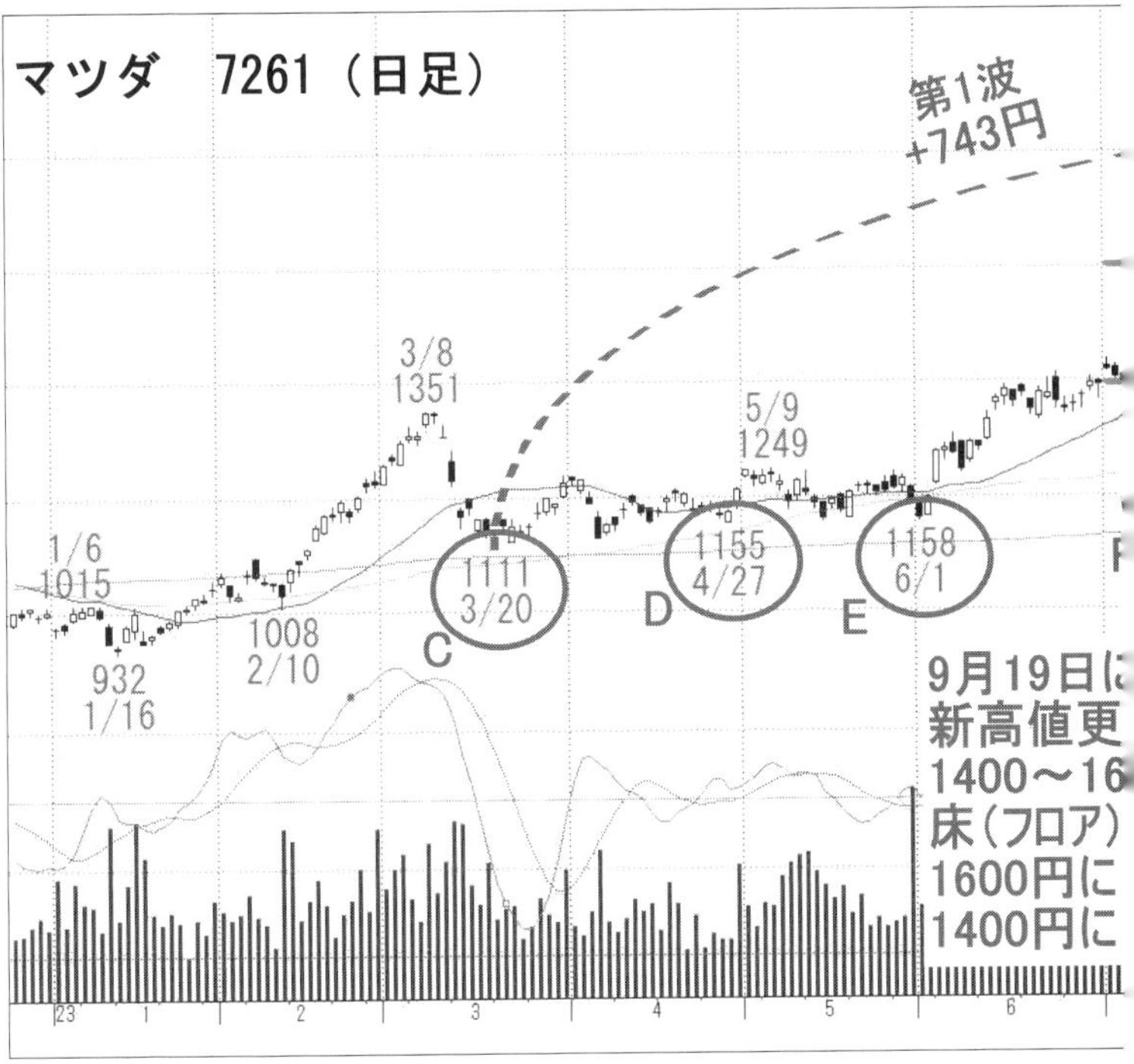
マツダ　7261（日足）
第1波
+743円
3/8
1351
5/9
1249
1/6
1015
1111
3/20
1155
4/27
1158
6/1
1008
2/10
932
1/16
C
D
E
9月19日に
新高値更
1400〜16
床（フロア）
1600円に
1400円に

る。１９９１年にはル・マン24時間レースで総合優勝。

１９７９年以来米フォードと提携し、１９９６年には同社の傘下に入ったが、フォードの経営悪化によりグループから独立。現在は、トヨタ自動車と提携し、業務資本提携でも合意。発電機としてロータリーエンジンを復活させると発表し話題に。

上昇第２波なら目標値２２００円付近。

# 9090

# AZ-COM丸和ホールディングス

東証 PRM

陸運業

**ポイント**

①物流、運輸で急成長の注目株。オーナー創業者が大株主

②カリスマ経営で業績好調続く

2023年10月10日現在

O 2060
H 2098
L 2057
C 2085
△ 5
V 97.1
A
B
9/5
2309
5/17
2212
2000円
2037
10/4
1895
8/2
C
C'
第2波
？
1500円
1000円
10%
GCV
-10%
20万
3
4
5
6
7
8
9
10
3ダブルトップか
昇第2波か
00～2500円のゾーン
（フロア）2000円　壁2500円
00円に下値支持線
昇第2波あるなら
標値3400円近辺


小売り向けの物流サービスを手がける物流会社。アマゾンジャパンの配送業務を受託して成長。ネット通販が普及するなか、近年はM&Aを中心に事業規模を拡大している。

和佐見勝社長は、201

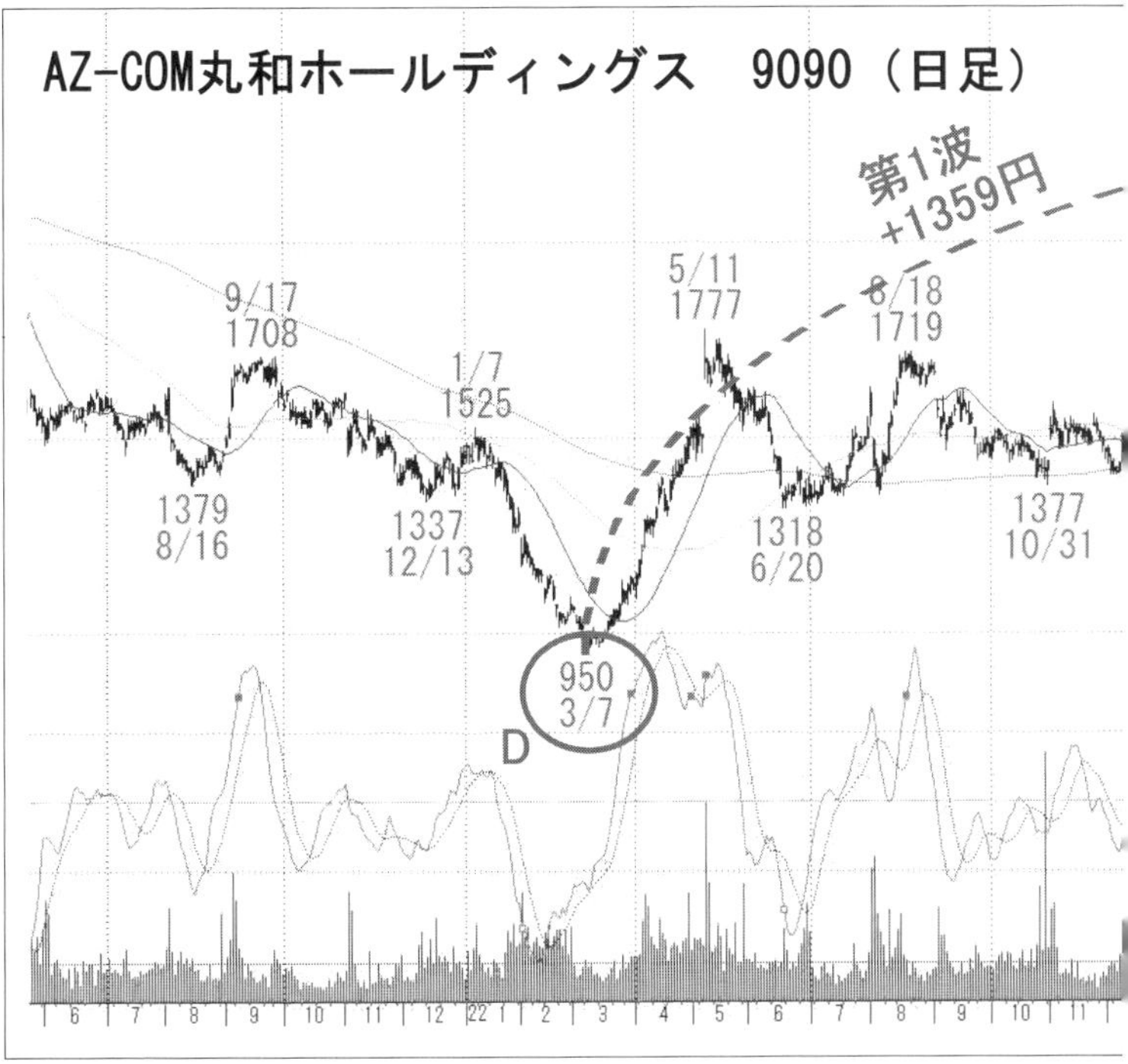
AZ-COM丸和ホールディングス　9090（日足）
第1波
+1359円
9/17
1708
1/7
1525
5/11
1777
8/18
1719
1379
8/16
1337
12/13
1318
6/20
1377
10/31
950
3/7
D
6
7
8
9
10
11
12
22
1
2
3
4
5
6
7
8
9
10
11

８年にも約５億２０００万円相当の保有株式、２０２０年には現金10億円を従業員に贈与していたが、２０２３年９月に、会社設立50周年を記念して、同社の業務拡大に貢献したトラック運転手など従業員と役員の約１万５０００人を対象に、和佐見社長の保有資産から総額50億円超を支給すると発表して話題になった。

　上昇第２波あれば３４００円近辺目標。

本書を参考にした投資の結果について、著者および弊社は一切責任をとることはできません。投資はあくまで自己責任でお願いいたします。また、本文で一部敬称を略させていただいています。ご了承ください。

菅下清廣（すがした　きよひろ）
投資家、ストラテジスト、スガシタパートナーズ株式会社代表取締役社長、学校法人立命館顧問、近畿大学世界経済研究所客員教授。ウォール街での経験を生かした独自の視点で相場を先読みし、日本と世界経済の未来を次々と言い当ててきた「富のスペシャリスト」として名を馳せ、「経済の千里眼」との異名も持つ。経験と人脈と知識に裏打ちされた首尾一貫した主張にファンも多く、政財界はじめ各界に多くの信奉者を持っている。著書に、『50年間投資で食べてきたプロが完全伝授！ 一生お金に困らない人の株式投資術』（KADOKAWA）、『2023-2024 資産はこの「黄金株」で殖やしなさい！ 日本株大復活』（実務教育出版）、『2023年 超円安の波に乗ってお金持ちになる』（徳間書店）など多数。メールマガジンも好評配信中（無料）。

「スガシタレポートオンライン」は、
https://sugashita-partners.com/report-online/
から登録できます。

日経平均4万円時代に
世界がうらやむ日本の大化け株を探せ!

第1刷　2023年10月31日
第2刷　2023年12月5日

著　者　菅下清廣
発行者　小宮英行
発行所　株式会社徳間書店
〒141-8202　東京都品川区上大崎3-1-1
目黒セントラルスクエア
電話　編集(03)5403-4344／販売(049)293-5521
振替　00140-0-44392
本文印刷　本郷印刷株式会社
カバー印刷　真生印刷株式会社
製本所　東京美術紙工協業組合


ISBN978-4-19-865703-1